TABLEAUX
COMPARATIFS
DU REVENU GÉNÉRAL
DE L'ANGLETERRE,
ET
DE CELUI DE LA FRANCE.

TABLEAUX COMPARATIFS

DU

REVENU GÉNÉRAL DE L'ANGLETERRE

ET

DE CELUI DE LA FRANCE

PRÉCÉDÉS

DE L'EXPOSITION DES PRINCIPES D'ADAM SMITH,

ET SUIVIS

D'un Plan d'Encouragement pour l'Agriculture et le Commerce, et d'un Plan d'Imposition.

PAR M. DE GUER,

Recherches sur le Produit réel des Possessions et du Commerce des Anglais dans l'Inde et à la Chine, par le même Auteur.

CES DEUX OUVRAGES SE TROUVENT :

A PARIS,

Chez Madame Veuve NYON, rue du Jardinet,
Et chez tous les Marchands de Nouveautés.

1808.

ERRATA.

Page 7, ligne 2, et je, lisez *je*
Pag. 16, lig. 10, après réexportée, ajoutez *à*.
Pag. 23, lig. 5, et je, supprimez *et*.
Pag. 24, lig. 6, après 1281,000,000, ajoutez *livres*.
Id. 25, lig. 17, 613, lisez 617.
Pag., 29, note après (1), lisez *Voyez*.
Pag. 30, lig. 11, diminution, lisez *soustraction*.
Pag. 44, lig. 4, sa, lisez *la*.
Pag. 52, lig. 25, après 9,870,000,000, ajoutez *liv*.
Pag. 53, note 730,000,000, ajoutez *liv*.
Pag. 56, lig. 19; mettez :
Pag. 67, lig. 7, permettroit, lisez *et permettant*.
Pag. 70, 1re. ligne, sachères, lisez *jachères*.
Pag. 72, lig. 6, habitués, lisez *habituée*.
Id. lig. *id.* persuasion, lisez *raisonnement*.
Pag. 75, lig. 17, de, lisez *des*.
Pag. 77, entre le 2e. et le 3e. alinéa, mettez *Bois*.
Pag. 81, lig. 3, produiront, lisez *produiroit*.
Pag. 83, habillement, lisez *l'habillement*.
Pag. 91, entre le 1er. et le 2e. alinéa, mettez *mines*.
Pag. 106, note lig. 3, — 20, lisez 5.

TABLEAUX COMPARATIFS

DU

REVENU GÉNÉRAL DE L'ANGLETERRE

ET DE CELUI DE LA FRANCE.

L'ANGLETERRE s'est enrichie en perfectionnant son agriculture et son commerce d'industrie ; le gouvernement lève un revenu énorme, et le lève avec facilité. Les Anglais se sont assuré ces avantages en fondant leurs plans d'encouragement et d'imposition sur la connaissance des différentes branches du revenu général de leur nation, et en se règlant pour acquérir ces connaissances sur les principes d'Adam Smith, je vais exposer ces principes, et on verra qu'il suffisait d'en tracer la série avec clarté, pour en démontrer l'évidence et l'utilité.

Je donnerai le tableau du revenu national des Anglais ; j'en présenterai un semblable pour la France, et nous connaîtrons enfin notre grande supériorité de richesse et les moyens de l'accroître.

Principes d'Adam Smith.

La terre, le travail et les fonds d'avance sont les trois sources de la richesse des nations.

Parmi les productions spontanées de la terre, il n'y en a presqu'aucune qui puisse servir à nos besoins (1), et cette première source de richesse est stérile, si le travail ne la feconde pas.

Le travail se divise en deux classes, le travail de culture et le travail d'industrie.

Le premier force la terre à donner une multitude de productions, mais la plupart des denrées que l'agriculteur récolte, ne peuvent servir encore à aucun de nos besoins, et n'acquièrent d'utilité réelle que par un nouveau travail.

L'industrie achève l'ouvrage ébauché par le cultivateur; elle reçoit de lui des matières premières, elle les transforme en marchandises utiles, et souvent en marchandises précieuses; elle les met sous la main du consommateur, et ce travail leur donne une valeur nouvelle qui surpasse quelquefois à un dégré prodigieux leur valeur première.

---

(1) Les fruits et quelques racines sont les seuls dons de la nature qu'on puisse recueillir sans les acheter par le travail.

La somme des salaires pour les divers genres de travail ou d'occupations, forme un revenu très-supérieur à celui des propriétés territoriales (1).

Le fonds d'avance consiste dans les bestiaux, les outils et les machines pour tous les travaux, les matières premières, les marchandises en magasin; celles que le tems a accumulées dans les mains des particuliers qui s'en servent, les navires, les maisons, les canaux, les ponts, les ports, tous les genres de construction dont l'utilité se perpétue d'âge en âge, et il faut y ajouter les moyens de circulation qui en forment une des parties les plus importantes.

Ce fonds est le capital acquis par les nations; c'est le résultat de toutes leurs économies depuis qu'elles existent. Sa valeur, chez les peuples civilisés, surpasse la richesse territoriale, et la somme de revenu qu'il produit, surpasse encore davantage le montant du revenu des propriétés foncières (2).

---

(1) Le docteur Beeke dans son ouvrage sur l'*income tax* ne porte, le revenu des terres qu'à 776 millions, en y comprenant les dixmes, et prouve que les salaires du travail s'élèvent à 2477 millions.

(2) Dans les estimations du revenu de l'Angleterre, de M. Pitt et du docteur Beeke, les profits que donnent les capitaux sont portés au double du revenu des terres.

Si c'est le travail qui féconde le sol, c'est le fonds d'avance qui met le travail en activité, en fournissant à celui qui cultive, à celui qui fabrique, à celui qui transporte, à celui qui détaille, les alimens, les outils, les instrumens, les matières premières et les facilités de transport dont ils ont besoin.

Mais pour que l'ouvrier ait à sa disposition ces alimens, ces outils, ces matières premières; pour que les marchandises fabriquées arrivent dans les différentes mains où elles doivent passer avant de parvenir aux consommateurs, il ne suffit pas qu'elles existent dans le fonds d'avance, il faut qu'elles soient mises en circulation; *ce sont donc en derniere analyse*, les moyens de circulation qui fécondent toutes les autres source sde la richesse nationale.

La somme des revenus de tous les particuliers, de quelque source qu'ils proviennent, forme le revenu général de la nation.

Le revenu d'un particulier provient souvent de plusieurs sources différentes. Celui du propriétaire-cultivateur est composé de la rente de la terre, des profits de son fonds d'avance, et des salaires de son travail; celui d'un négociant dérive des profits de ses fonds ou de son crédit, et du salaire de son travail de cabinet : le plus simple artisan vit du produit de son petit capital et du prix de son travail.

L'emploi du revenu général est de fournir aux consommations de tous les particuliers en denrées ou marchandises de première nécessité, de commodité ou de luxe, aux dépenses de l'état et à l'accroissement du fonds d'avance.

Le revenu de l'état est une dixme à un taux plus ou moins élevé, qui doit être perçue sur toutes les parties du revenu général.

Voilà les principes qui, en Angleterre, servent de base à tous les plans d'encouragemens ou d'impositions (1).

L'art d'analyser et celui de classer les idées, forment la base de toutes les sciences; ce sont les seuls moyens d'acquérir une grande étendue de connoissances sans les confondre, et de les avoir toutes à ses ordres au moment du besoin; c'est là le service qu'Adam Smith nous a rendu; c'est là ce qu'il a fait pour la science de l'économie politique.

Si on jette maintenant ses regards sur le vaste

---

(1) Le développement de ces principes et leur application forment l'ouvrage d'Adam Smith; il compose cinq volumes; mais il ne seroit pas très-difficile de le rendre infiniment plus utile, et de le réduire à un seul volume, en élaguant les répétitions et les idées étrangères au plan de l'auteur, et en corrigeant le style beaucoup trop diffus et les erreurs que le progrès des connoissances permet aujourd'hui d'appercevoir dans le travail de ce grand homme.

ensemble que présente la richesse d'un grand empire ; si on remarque la nécessité de remonter des élémens à la masse pour pouvoir la mesurer ; si on observe la multitude infinie de variétés que ces élémens semblent présenter ; si on réfléchit encore sur le besoin indispensable de connoître cette richesse pour administrer avec sagesse, avec gloire pour le souverain, avec utilité pour les peuples :

Si un ministre est forcé de se dire : *toutes les fois que je délibère dans le conseil du souverain sur le commerce ou les finances, sans avoir une connoissance suffisante de la richesse nationale, de cette base première de la puissance du prince et du bonheur des sujets, je jette le sort des humains dans l'urne du hasard ; mon cœur est pur, je veux le bien et je fais le mal ; je voudrais seconder les intentions bienfaisantes d'un roi digne du trône ; je voudrais fortifier les sources de la richesse du peuple ; mais je ne les connais pas, et je ne réussis qu'à les tarir ; je voudrais partager le fardeau que je dois imposer, mais ne sachant distinguer ni les différentes forces qui doivent se réunir pour le porter, ni le point où je l'envoye tomber, je crois le repartir, et je l'entasse ; il serait léger pour tous, et il écrase la classe que je condamne à le sup-*

porter seule. Je dois tout au monarque ; fortune, honneurs et je tiens tout de sa main ; je voudrais le servir, et je lui enlève la récompense de ses vertus, le prix de ses hautes qualités ; je lui enlève l'amour et le respect de ses sujets ; il était grand et je le rapetisse par la multitude d'erreurs que je commets en son nom ; si ses finances sont embarrassées, ses ressources sont immenses, mais je n'en connais aucune, et je le laisse sans moyens ; son trône était solide, je l'ébranle, et peut-être ne tarderai-je pas à le briser à coups de scèptre, à le renverser sur sa tête et sur la mienne (1).

Si on se livre à ces réflexions dont l'importance et la justesse ne sont que trop démontrées par des exemples récens, on reconnaîtra le mérite et la grande utilité de l'ouvrage où Adam Smith, par l'analyse de la richesse nationale, nous découvre les causes dont elle est l'effet ; nous enseigne les moyens d'en classer les différentes parties, en les distinguant par la différence des élémens qui les composent ; nous montre la chaîne qui réunit les trois sources dont elle découle, et la manière dont

(1) L'archevêque de Sens et beaucoup d'autres ; voyez le mémoire adressé par la noblesse de Bretagne à Louis XVI, au mois de juin 1788 ; cette dernière idée en est extraite.

elles se fécondent mutuellement; simplifie la science de l'économie politique, la réduit à un petit nombre de principes, et nous présente des formules faciles pour le calcul du revenu général des peuples, pour ce grand problème, dont la solution paraissait impossible.

Mais quand on veut mettre en pratique la théorie de Smith, quand on veut en tirer tous les avantages qu'elle nous offre, il est encore nécessaire de se procurer des connaissances approximatives du produit de chaque source de richesse, de la rente des propriétés territoriales, des profits que donnent les capitaux consacrés à la culture ou employés dans le commerce, et du grand revenu que forment les salaires du travail.

Les recherches pour connaître le revenu des terres, doivent porter sur l'étendue du territoire productif, et sur le taux ordinaire du prix de fermage; si ce territoire est partagé en plusieurs genres de culture, dont les produits soient très-différens, il est nécessaire de les distinguer.

Pour calculer la somme des profits que donnent les fonds d'avance employés à la culture ou au commerce, il faut chercher quelle est la proportion ordinaire entre le gain du fermier et le prix de la ferme, le taux commun des bénéfices que le grand négociant et le petit marchand (1) retirent

(1) Si le profit qu'un négociant retire de ses fonds est

de leurs fonds, l'intervalle qui s'écoule entre la sortie et la rentrée de ces fonds dans les différentes branches de commerce, et le montant des opérations, qui fait connaître la somme des capitaux employés.

Partager la population en familles, classer ces familles, et chercher quel est le produit ordinaire que le travail leur donne dans chacune de ces classes : voilà les moyens de calculer la somme du revenu que forment les salaires.

Ces connaissances multipliées paraissent très-difficiles à rassembler, et le seraient sans doute, si on avait besoin de les porter à une exactitude géométrique; mais dans les calculs politiques, cette exactitude serait parfaitement inutile : une erreur de 100 millions, sur un revenu national de 4 à 5 milliards, ne produira jamais une inégalité sensible dans la répartition des impôts ou la distribution des encouragemens, elle ne formerait pas un excédent ou un déficit de 2 pour 100 sur le revenu public; les connaissances par approximation suffisent donc, et le travail nécessaire pour les acquérir, loin de présenter de grandes difficultés au gouvernement, n'excède pas

---

de 15 ou 20 pour 100 par an, celui qui donne le capital d'un petit détaillant est souvent de 50 et quelquefois de 100 pour 100 par semaine.

même les forces d'un simple particulier (1). Mais si on méprisait ces apperçus, parce qu'ils ne seraient pas assez exacts, on opérerait au hazard, on entasserait les trois quarts de la contribution sur un genre de richesse qui ne formerait pas le tiers du revenu général, et l'impôt deviendrait ruineux pour celui qui le supporterait.

Il en est de même pour les encouragemens : un ministre d'état qui ne connaîtrait pas la nature des revenus que les différentes branches de commerce donnent à la nation, ne pourrait mesurer les avantages qu'elles procurent à l'état et les encouragemens qu'on doit leur donner, que par la somme des valeurs que chaque espèce de commerce met en circulation; et si la réunion des importations et des exportations, en marchandises étrangères ou coloniales, lui présentait une masse d'opérations de douze à treize cents millions, il regarderait comme une des principales sources de richesse cette espèce de commerce, qui ne donnerait cependant que 120 millions de profit à la nation; il lui prodiguerait la protection et les secours du gouvernement, et négligerait d'encourager l'exportation des marchandises na-

---

(1) Ce sont les ouvrages de quelques particuliers qui, en Angleterre, font autorité, sur tout ce qui concerne le revenu général.

tionales qui, sur une circulation de 787 millions procurerait 600 millions de bénéfices réels.

Les recherches sur le produit de chaque source de richesse ne peuvent donner, je le repète, que des approximations; mais celui qui les dédaignerait, ressemblerait au voyageur qui, ne trouvant pas de flambeau dont la lumière lui parut assez pure, préférerait de marcher dans l'obscurité des ténèbres.

Les Anglais ont senti cette vérité; plusieurs de leurs calculateurs politiques se sont occupés de ces recherches, et les plus célèbres sont, Davenant, les docteurs Grew et Halley, MM. Middleton, Hongton, Arthur Young et Beeke.

M. Pitt, en proposant l'*income tax*, présenta le compte du revenu général de la Grande Bretagne, et se régla dans son travail sur les calculs d'Arthur Young et les rapports de M. Irving, inspecteur général des douanes. Le docteur Beeke, célèbre par ses connaissances en statistique, publia des observations sur le compte donné par le ministre, en adopta beaucoup d'articles, prouva que quelques autres n'étaient pas justes, donna un tableau du même genre, et y fit entrer la grande branche de revenu que forment les salaires, et que le ministre n'avait pas dû placer dans le sien, parce qu'elle était presqu'entièrement exempte de l'impôt qu'il proposait.

Le tableau que je vais présenter est l'ouvrage de M. Pitt, avec les corrections et les additions de M. Beeke; les corrections ne portent, pour ainsi dire, que sur le calcul des profits que donnent les fonds employés dans le commerce; mais elles sont essentielles, les méprises de M. Pitt sont évidentes, et ont été démontrées par le produit de *l'income tax* qui est resté fort au-dessous de la somme que ce ministre avait annoncée.

Ce tableau étant le premier de ce genre qui ait été publié en France, je vais donner quelques éclaircissemens sur les méthodes que l'on suit et sur les bases que l'on prend pour les calculs des principales branches du revenu général.

Revenu des terres.

M. Beeke, d'après un travail dont il présente la méthode ingénieuse, fixe à 38 millions d'acres l'étendue de l'Angleterre, en défalque 5 millions pour les terres vagues ou stériles, et réduit par conséquent à 33 millions le nombre d'acres productifs; il évalue ensuite, comme M. Pitt, le prix commun des fermages à 15 schellings par acre, ce qui porte le revenu des propriétaires anglais à 24,750,000 liv. sterl. ou 569 millions tournois (1). M. Beeke ajoute à cette somme un quart

(1) Voyez *observations on the produce, of the income tax by H. Beeke B. D.* pages 6 et suivantes.

en sus ou 142,000,000 liv. pour les terres de l'Ecosse, qui égalent en étendue la moitié de l'Angleterre, mais qui sont moins fertiles et plus mal cultivées (1).

Le ministre et le calculateur s'accordent pour estimer les profits des fermiers anglais aux trois quarts, et ceux des fermiers écossais aux trois huitièmes du prix de la ferme (2).

Revenu des propriétés en Amérique et dans l'Inde, dont les propriétaires habitent l'Angleterre.

Les Anglais comptent toujours cette partie du produit des colonies dans le revenu de la métropole, parce qu'elle y est dépensée et soumise aux taxes.

M. Pitt l'estime à 5 millions sterlings ou 115 millions tournois; mais M. Beeke considérant que la partie de cette somme que le Bengale fournit représente souvent des capitaux, réduit cette branche de revenu à 4 millions sterlings ou 92 millions tournois (3).

Produit des maisons.

Les recherches de M. Beeke l'ont convaincu,

---

(1) Voyez *observations*, page 40.

(2) Voyez *observations* pages 28 et 40.

(3) Voyez *observations*, page 41.

que la dépense du logement des particuliers devait se calculer au 16e. de leur revenu, et que pour connaître le produit des maisons, il fallait prendre par conséquent le 16e du revenu général, après en avoir soustrait le profit des fonds consacrés à la culture ; le prix du logement des fermiers, qui est toujours compris dans celui de la ferme, étant déjà compté dans le revenu des terres, il porte, d'après ces principes, le produit des maisons de l'Angleterre à 12 millions sterlings, et y ajoute un 8e. en sus pour l'Ecosse (1).

Commerce.

M. Beeke et M. Pitt évaluent tous les deux à 15 pour 100, par an, le taux ordinaire des profits dans le commerce intérieur ou extérieur de l'Angleterre, ils partagent le commerce extérieur en trois branches.

L'exportation des marchandises anglaises, l'importation des marchandises étrangères, et la réexportation d'une partie de ces dernières.

Les états présentés au Parlement par M. Irving, inspecteur général des douanes, et qui

(1) Voyez *observations*, pages 38 et 40.

méritent toute confiance (1), leur donnent la valeur des marchandises exportées ou importées, et par conséquent le montant des fonds employés dans chacune de ces trois branches de commerce, en 1796, 1797 et 1798, et ils le réduisent à une année commune.

Quoique le calculateur et le ministre s'accordent sur les deux premières bases de calculs, sur le taux des profits et le montant des fonds employés, ils diffèrent beaucoup dans les résultats. M. Pitt n'avait pas observé, 1°. que le profit de 15 pour 100 par an devait se calculer d'après la durée de l'emploi des fonds, et que l'intervalle entre leur sortie et leur rentrée n'étant que de six mois pour une partie des importations, et pour toutes les exportations des marchandises étrangères, le profit se réduisait à 7 et demi.

2°. Qu'une portion considérable de ces deux commerces étant faite par les étrangers, ne laissait à l'Angleterre que des droits de commis-

(1) Ces états, dressés d'après les déclarations données pour la taxe des convois, présentent des résultats beaucoup plus sûrs que les états ordinaires des douanes, parce que cette taxe des convois n'est que de 3 pour 100; que les employés sont autorisés à prendre la marchandise à 10 pour 100 au-dessus de la valeur déclarée, et que les déclarations servent de règle pour les assurances.

sion. M. Beeke fait remarquer ces erreurs du ministre, et réduit en conséquence le taux des profits pour ces deux articles à 7 pour 100; il calcule pour 1796, 1797 et 1798, l'année commune des exportations de marchandises anglaises

à	727,000,000 l.
des importations de marchandises étrangères à .	929,000,000
de la partie de ces marchandises qui est réexportée, .	276,000,000 (1).

Pour calculer le montant des profits que le fret donne par an aux propriétaires des navires marchands, M. Beeke estime le bénéfice de 30 à 34 liv. par tonneau. Le nombre des navires enregistrés était de 16,975, et leurs ports s'élevaient à 1,618,642 tonneaux (2).

Exportations des marchandises anglaises.

Le montant de ces exportations pris dans les états de M. Irving, s'élève à 31,609,266 liv. st., ou 727,613,108 l.; M. Beeke compte à six mois l'intervalle entre la sortie et la rentrée des fonds du

(1) Voyez pour ces trois articles *Observations on the produce, of the income tax*, pages 57, 62, 101, 102, 103, 80, jusqu'à 87. Voyez encore à *Brief examination by George Rose*, page 41.

(2) Voyez *observations*, page 121.

fabricant ; il porte à six autres mois le temps qui s'écoule entre l'achat de ces marchandises par le négociant qui les exporte, et le moment où le prix de leur vente rentre dans sa caisse. Les fonds du commerce anglais sont donc employés pendant un an, et le taux des profits doit en conséquence être calculé à 15 pour 100, ce qui donnerait 4,122,947 liv. st. ; mais une partie des marchandises étant exportées pour le compte des acheteurs étrangers, M. Beeke réduit le profit pour les Anglais à 4 millions sterling, ou 92 millions tournois (1).

Commerce intérieur.

M. Beeke établit en principe, que tous les particuliers dépensent leur revenu, les placemens de l'économie étant compensés par les emprunts de la prodigalité ; que tous les objets de ces dépenses sont fournis par le commerce intérieur, et que le montant des opérations de ce commerce égale par conséquent la somme du revenu général, qu'il faut seulement en défalquer un sixième pour la valeur des denrées ou marchandises qui étant consommées dans la famille du producteur ou du fabricant, ne donnent ouver-

(1) Voyez *Observations ou the produce*, pages depuis 128 jusqu'à 131.

ture à aucun profit commercial; en calculant d'après ces principes, la somme des ventes du commerce intérieur s'élevait à 180 millions sterling.

Il n'estime l'intervalle ordinaire entre la sortie et la rentrée des fonds qu'à huit mois, et le profit de 15 pour 100 par an se réduit par conséquent à 10 pour 100 du montant des opérations, ce qui donne pour les bénéfices du commerce intérieur 18 millions sterling, ou 414,000,000 l. tournois.

Salaires.

Adam Smith, et tous les Anglais d'après lui, comprennent dans l'article des salaires depuis le prix de la journée d'un simple manœuvre, jusqu'aux appointemens du premier ministre, depuis le gain que le plus simple artisan fait par son travail de bras, jusqu'au profit que le plus habile négociant fait par son travail de cabinet; ils y comprennent également les appointemens des officiers et la solde des soldats; ils sont en même temps convaincus qu'il n'y a presqu'aucune famille qui ne doive quelque partie de son revenu à son travail, que les soins d'un grand propriétaire qui étudie la valeur de ses terres, et qui en surveille l'amélioration, sont productifs comme le travail de cabinet du négociant, que l'être le plus oisif, le riche rentier qui n'occupe aucune place, gagne plus dans un seul jour par les opérations qu'il fait avec ses fonds que l'ouvrier le plus actif ne reçoit dans un an pour ses salaires, et ils calculent sur ces données le montant de cette branche du revenu général.

M. Beeke adoptant les mêmes bases, commence par établir que la population de l'Angleterre s'élève à onze millions d'habitans, il estime chaque famille à cinq individus, ce qui donne 2,200,000 familles; il les partage en deux classes: la première comprend toutes celles qui ne se procurent, par le produit du travail, qu'un accessoire à d'autres revenus de divers genres; la seconde est composée de celles dont les salaires font, pour ainsi dire, tout le revenu; il place dans la première classe 700,000 familles, et porte à 45 liv. sterl. ou 1035 liv. par an le taux commun du revenu que le travail leur donne; il reste pour la seconde classe 1,500,000 familles, dont il calcule le salaire à 43 liv. st. ou 989 liv. tournois (1). Il estime le travail du père aux trois

(1) Il y ajoute 2 liv. st. ou 46 liv. par an pour le taux commun de l'aumône que ces familles reçoivent de la paroisse; mais j'ai retranché cette somme qui forme évidemment un double emploi; les fonds de la taxe des pauvres étant pris sur les autres branches du revenu, qui sont portées dans le compte sans déduction; voyez *observations* depuis 115 jusqu'à 127.

quarts de cette somme, le reste est gagné par la femme et les enfans : en calculant sur ces bases, il trouve que le produit des salaires s'élève pour la première classe à 31,500,000 liv. st. ou 718,500,000 livres, et pour la seconde à 64,500,000 liv. st., ou 1,483,000,000 liv. : il évalue le montant du même revenu en Ecosse au neuvième de son produit en Angleterre, ce qui le porte à 10, 667,000 liv. st. ou 245,410,000 livres.

Le revenu de l'Irlande n'est point compris dans le compte que je donne ici ; il n'est jamais question que de la Grande-Bretagne dans tout ce que les Anglais écrivent sur leur revenu public, ou leur revenu général.

Je porte toutes les sommes en livres tournois, pour qu'on puisse comparer plus facilement les richesses des deux nations et les différentes branches dont elles sont composées (1).

M. Pitt et M. Beeke ont fait entrer dans leurs comptes le moutant de la dette publique comme un revenu soumis à l'*income tax ;* mais j'ai dû le

---

(2) Pour comparer les monnaies d'Angleterre et les nôtres, je n'ai pas cherché le pair du change, qui est toujours variable, mais le pair monétaire entre l'écu et la livre sterling, qui donne 7 ½ écus ou 25 liv. pour le pair de la livre sterling quand l'argent est à Londres à son prix ordinaire de 5 schelings 6 deniers l'once.

supprimer dans celui que je donne, et qui a pour unique objet de présenter le revenu réel de la nation.

Je n'aurais peut-être pas besoin de dire ici, que tous les calculs sont faits sur l'année commune, le taux commun, la valeur ordinaire des produits, et que les sommes portées pour les différens articles n'offrent que des approximations; mais que le parlement d'Angleterre regarde ces approximations comme suffisantes pour servir de base à ses résolutions les plus importantes.

Ces explications suffisent sans doute pour faciliter l'examen du tableau que je présente; mais si des personnes attachées à l'administration en desiraient de plus étendues, je me ferais un devoir de leur communiquer les ouvrages de M. Beeke et de M. Rose, les états de M. Irving et le tableau de M. Pitt, et de leur donner les moyens de connaître mieux encore comment les Anglais calculent les produits de toutes les branches de leur revenu.

Tableau du revenu général de l'Angleterre présenté par M. Pitt.

Revenu des terres de l'Angleterre.	569,000,000
Idem pour l'Ecosse.	142,000,000
Dixmes (1)	65,000,000
Revenu des Colons qui habitent l'Angleterre..	92,000,000
Maisons qui ne sont pas louées avec les terres	310,000,000
Mines (2).	116,000,000
Canaux et péages (3)	13,000,000
Profits des fonds employés par les fermiers	480,000,000
Profits des fonds employés à l'exportation des marchandises anglaises.	92,000,000
Idem, pour l'importation des marchandises étrangères.	69,000,000
Idem, pour l'exportation d'une partie de ces marchandises. . .	18,000,000
Profits sur le frêt	55,000,000
Profits sur les fonds employés dans le commerce intérieur.	414,000,000
Salaire du travail pour la 1re. classe.	719,000,000
Idem, pour la 2me.	1,483,000,000
Idem, pour l'Ecosse , ...	245,000,000
	4,882,000,000

(1) *Observations on the produce of the income tax*, pag. 28 et 40.

(2) Observations, pages 36 et 40.

(3) *Idem*, pages 36 et 40.

Je viens de présenter le compte du revenu général de l'Angleterre, j'ai donné les éclaicissemens nécessaires pour en faciliter l'examen; et j'ai séparé par des accolades les revenus des terres, des capitaux et du travail, et je vais indiquer les principales idées que ce tableau fait naître.

Proportion entre les produits des différentes sources de richesse.

Le compte du revenu général des Anglais, présentant la distinction des trois sources de richesses, donne la facilité d'en comparer les produits : on y voit que la rente des terres considérée par les économistes comme la seule richesse réelle des nations, ne montant dans la Grande-Bretagne qu'à 776 millions, ne forme pas la sixième partie du revenu national (1), que les profits des fonds d'avance employés au commerce, à l'agriculture, ou en bâtimens et en travaux durables, s'élevant à près de 1,600,000,000 liv., donnent le double du revenu des propriétés territoriales, et qu'enfin le produit des salaires forme plus de la moitié du revenu national.

La valeur des marchandises étrangères impor-

---

(1) Les économistes ne voyaient dans les revenus des maisons, des mines, des canaux, dans les profits des fermiers et des négocians et dans les produits des salaires aucune richesse réelle.

tées depuis le 1er. janvier 1796 jusqu'au 31 decembre 1798, s'est élevée, année commune, à 989 millions. La partie des mêmes marchandises qui fut réexportée, montait à 292 millions; ces deux branches de commerce mirent donc en circulation pour 1,281,000,000 de valeurs en marchandises ; on voit cependant dans le compte du revenu général, qu'elles ne donnèrent à la nation que 87 millions de profits, et si on y ajoutait 30 millions pour les bénéfices sur le fret, l'ensemble ne monterait encore qu'à 117 millions.

L'exportation en marchandises anglaises à la même époque s'éleva, année commune, à 727 millions : en ôtant de cette somme, d'après M. Beeke, 46 millions pour la valeur des matières premières tirées de l'étranger et pour quelques autres déductions (1), il reste 681 millions pour le profit annuel de l'Angleterre, pour la créance qu'elle acquérait sur l'étranger par son exportation en marchandises nationales (2).

Il est donc démontré que le commerce des marchandises coloniales ou étrangères ne donnait aux Anglais que 117 millions de profit sur 1280 millions d'opérations, tandis que le commerce

---

(1) Voyez *observations*, page 67.

(2) C'est avec cette créance que les Anglais ont balancé la dette énorme qu'ils contractaient par une consommation de 713 millions en marchandises étrangères.

des productions nationales leur assurait 681 millions de bénéfices réels sur 833 millions d'achats ou de ventes (1) ; et le parallèle des résultats que présentent ces deux branches du revenu général suffira, sans doute, pour démontrer la prodigieuse supériorité du commerce de production et de fabrication sur le commerce d'achat et de revente à l'étranger, et pour prouver que les progrès de l'agriculture et de l'industrie qui fournissent les objets d'exportation, forment le plus grand intérêt des peuples, et doivent être le premier objet de l'attention des gouvernemens.

Dans ce profit de 681 millions que donna l'exportation des marchandises anglaises, la valeur des matières premières nationales n'entrait que pour environ 64 millions (2), et il restait par conséquent 613 millons pour les salaires des ouvriers et les profits des fonds du fabricant et du négociant ; il est donc certain que la supériorité commerciale et la richesse de l'Angleterre sont fondées sur la perfection de ses fabriques et l'abondance des capitaux que lui fournissent ses banques.

Je ne parlerai dans ce moment ni des moyens

---

(1) 46 millions d'achats en matières premières, et 787 millions de vente font 833 millions d'opérations.

(2) Voyez *observations*, page 73.

dont les Anglais se sont servis pour perfectionner leur agriculture, ni des grandes manufactures qui, diminuant les frais de fabrication par l'emploi des machines, parviennent à baisser le prix de leurs marchandises au point de s'assurer une prépondérance décisive dans tous les marchés étrangers (1), ni enfin de celles qui acquièrent la même prépondérance par l'avantage de n'employer, pour ainsi dire, que des matières premières nationales, et sur-tout par la supériorité de leurs fabrications (2). Je réserve l'examen de ces articles si importans pour le chapitre où je traiterai du commerce de la France ; il me suffit d'avoir démontré, par l'exemple des Anglais eux-mêmes, la grande supériorité du commerce d'industrie sur le commerce des marchandises étrangères, sur le commerce maritime.

---

(1) Les manufactures de coton chez les anglais.

(2) Les manufactures de Lyon, de Nismes et de St.-Quentin, avant que la mode des étoffes de coton les eût ruinées.

CHAPITRE III.

De la balance commerciale de l'Angleterre.

Les recherches que j'ai faites pour connoître le revenu général de l'Angleterre me donnant de grandes facilités pour calculer la balance ordinaire de son commerce, je vais la présenter, j'espère démontrer l'exactitude des résultats par des preuves assez fortes pour détruire tous les doutes, et la connaissance de cette balance est trop importante, pour qu'on ne me pardonne pas l'aridité des détails et des calculs qu'elle exige.

S'il suffisait pour connaître avec quelqu'exactitude la solde commerciale d'une nation, de chercher dans les registres des douanes le montant des importations et des exportations, ce travail serait facile et M. Necker n'aurait pas entassé autant d'erreurs ridicules qu'on en remarque dans ses calculs sur la balance du commerce de la France; mais il est nécessaire, comme on va le voir, de rassembler beaucoup d'autres données.

Tableau de la balance commerciale de l'Angleterre, depuis le 1.er janvier 1795 jusqu'au 31 décembre 1798.

ACTIF.

Valeur, année commune, des exportations en marchandises nationales, y compris le profit de l'exporteur	671,600,000 l.
Profit de la nation anglaise sur l'importation des marchandises étrangères qui ont été réexportées.	17,250,000
Profits sur leur réexportation. .	18,000,000
Profit de frêt sur l'exportation des productions nationales et des marchandises étrangères qui ont été réexportées (1).	34,000,000
Revenu des Colons qui habitent l'Angleterre.	92,000,000
Montant de l'actif . . .	832,850,000 l.

---

(1) Je ne fais entrer dans ce compte ni les profits de commerce, ni les profits de frêt sur les marchandises étrangères consommées en Angleterre, parce qu'ils sont payés par la nation; c'est-là ce qui produit la différence qu'on peut remarquer entre le montant de ces deux articles, dans ce tableau et dans celui du revenu général.

PASSIF.

Valeur, année commune, des marchandises étrangères importées et consommées dans la Grande-Bretagne (1).	713,000,000 l.
Revenu appartenant à des étrangers dans les fonds publics de l'Angleterre (2)	15,800,000
Subsides payés, année commune, dans le même période aux alliés de l'Angleterre (3)	40,000,000
Portion des profits qui appartient aux étrangers, et perte sur l'exportation des marchandises anglaises ou étrangères, par banqueroute, avaries, naufrages, ou prise de vaisseaux (4)	50,000,000
Dépenses des garnisons des armées et des flottes en pays étrangers . . . . *pour mémoire.*	
Valeur des marchandises étrangères qui entrent en fraude, *mém.*	
Montant du passif. . . .	818,800,000 l.
L'actif s'élève à	832,850,000
Solde en faveur de l'Angleterre. .	14,050,000

(1) Irving et Rose, dans Beeke, pages 101 et 102, et dans Rose, page 41.

(2) Pitt dans Beeke, page 44.

(3) William Fairman, 4e. édition, page 53.

(4) Beeke, page 78.

On voit que ce tableau réduit à 14,050,000 liv. la solde commerciale que l'Angleterre a obtenue, année commune, depuis le 1er janvier 1795 jusqu'au 31 décembre 1798, et que pour la connaître réellement, il faudrait encore déduire sur cette somme le montant des deux articles que j'ai portés pour mémoire.

J'ajouterai que celui des importations de la fraude montait, seul, à plus de 60 millions par an, avant la diminution des droits sur le thé. Il est donc plus que probable que la diminution de ces deux articles annullerait la solde que le tableau présente, et donnerait même une balance commerciale très-défavorable à l'Angleterre pendant toutes les années où elle a payé des subsides à l'empereur.

J'ai réuni dans ce compte tous les articles d'actif et de passif que les Anglais eux-mêmes pourraient établir avec quelqu'exactitude ; je me suis appuyé sur les meilleures autorités, et cependant je ne puis donner encore pour dernier résultat qu'une approximation qui n'est même appuyée que sur des probabilités ; c'est le sort de tous les tableaux de balance commerciale, quand on se contente de les présenter comme je viens de le faire : le grand article des introductions de la fraude ne pouvant être calculé que sur des évaluations fort douteuses, ces comptes ne doivent jamais inspirer une grande confiance, si l'on n'a pas soin de justifier le premier résultat par de nouveaux calculs, faits sur d'autres bases.

L'état habituel du change, ou son état accidentel dans des circonstances particulières, offre un moyen de vérifier l'exactitude des premiers calculs : les opérations des monnaies depuis plusieurs années en présentent un second beaucoup plus sûr encore. C'est en les employant tous les deux que je me flatte de présenter des connaissances exactes.

Je sais que tous ceux qui ont accordé quelque confiance aux contes extravagans de Frédéric Gentz, auront de la peine à se persuader que dans les quatre années qui se sont écoulées depuis le 1er. de janvier 1795 jusqu'au 31 décembre 1798, à cette époque si brillante pour les Anglais, un subside de 40 millions par an a suffi pour tourner contre eux la balance commerciale; mais les preuves seront trop fortes pour qu'ils puissent long-tems refuser de s'y rendre.

Personne n'ignore que la perte sur le change est la preuve certaine d'une balance désavantageuse, et pendant toute la durée des paiemens du subside que les Anglais avaient promis à l'empereur, ils ont éprouvé une perte constante et une perte excessive sur leur change avec l'Allemagne, qui étoit alors le principal débouché de leurs marchandises (1). Ce fait doit être généralement connu dans le commerce ; il est d'ailleurs prouvé par les représentations que les directeurs de la banque de Londres ont faites à M. Pitt sur cet état du change avec l'Allemagne, et le danger où il mettait leur banque, et qu'ils ont perpétuellement renouvelées, depuis le 15 février 1795 jusqu'au 26 février 1797, jour où ils cessèrent leurs paiemens (2). Il est donc déjà démontré que le subside fourni à l'empereur avait suffi pour réduire les Anglais à une balance très-désavantageuse, dans le moment même où ils étaient maîtres des mers et du commerce des deux Indes. Je vais montrer maintenant à quoi se réduit la solde que cette balance leur assigne dans les tems ordinaires.

La solde que la balance du commerce assigne à une nation se résoud nécessairement en créances sur l'étranger, en or et en argent qu'elle reçoit et conserve en lingots, ou en monnoies fabriquées avec ces lingots ; il est donc évident que tout le produit des soldes qu'elle a reçues a été monnoyé, quand il ne lui reste ni créances ni

---

(1) J'ai vu cette perte s'élever jusqu'à 20 pour 100.

(2) Voyez ces représentations dans l'ouvrage intitulé *the stock examined and compared by William Fairman*, 4e. édition, anno 1802, pages depuis 41 jusqu'à 46.

lingots. Il n'en restait point à l'Angleterre en 1795, ce fait est démontré par la grande perte qu'elle éprouvait à cette époque sur son change avec Hambourg, et la longue durée de cette perte.

Si elle avait eu des créances sur l'étranger, le commerce se serait empressé de faire remonter le change, en négociant en Allemagne les traites que ces créances lui auraient procurées sur d'autres places.

Si les Anglais avaient eu des lingots, dont la sortie est toujours permise, ils s'en seraient servis pour acquitter leurs dettes à Hambourg, au lieu d'y faire passer des guinées dont l'exportation les exposait à des saisies, et les directeurs de la banque, ne pouvant pas douter que ces moyens ne fussent employés, n'auraient pas commencé dès 1795 à fatiguer le ministre par des représentations perpétuelles sur la somme énorme de guinées que le subside fourni à l'empereur faisait exporter.

Il est donc bien certain que l'Angleterre, en 1795, ne possédoit ni lingots, ni créances sur l'étranger; qu'elle avoit, par conséquent, monnoyé tout le produit des soldes que la balance commerciale lui avoit assignées dans les années précédentes; et il en résulte que pour connaître parfaitement le montant de ces soldes, il suffirait d'avoir un état exact des opérations de sa monnaie avant l'époque de 1795.

Je vais présenter cet état, et on peut le regarder comme une pièce officielle, puisqu'il est tiré de l'ouvrage que M. Rose, chef des bureaux de la trésorerie, a publié en 1799.

Tableau des opérations de la monnaie d'Angleterre depuis le 1er. janvier 1778, jusqu'au 31 décembre 1798 (1).

Le montant de la monnaie d'or en guinées neuves, ou en bonnes anciennes guinées était à la fin de 1777 de.		25,447,002 l. st.
Du 1er. janvier 1778 au 31 décembre 1798, on a frappé 724,050 l. pesant de matières d'or au titre, dont la valeur est de	l. st. 33,831,236	
Mais il paraît qu'il s'y trouvait en vieilles guinées rognées ou usées 329,207 liv. pesant d'or, dont il faut déduire la valeur qui est de	15,328,196	
La somme des matières neuves frappées dans ces 21 années ne s'élève donc qu'à		18,503,040
Total de la monnaie en circulation au 31 décembre 1798		43,950,042 l. st.

(1) Ce tableau est la traduction fidèle de celui que M. Rose a donné. Voyez *A Brief examination by George Rose, anno 1799, appendix, n°. 4.*

On ne peut pas douter que M. Rose, membre de la chambre des communes, ami et chef des bureaux de M. Pitt, ne fût parfaitement instruit des opérations des monnaies; s'il a voulu tromper, ce n'est sûrement pas pour déprécier la richesse de l'Angleterre, puisqu'il n'écrivait que pour relever l'opinion publique et vanter l'administration de son ami. L'état qu'il présente est donc plutôt enflé que diminué, et cependant il y reconnaît formellement que depuis le 1er janvier 1778, jusqu'au 31 décembre 1798, dans le cours de 21 ans, il n'a été monnoyé en Angleterre que pour 18,503,042 liv. sterling de nouvelles matières d'or, ce qui ne fait par an que 881,097 liv. sterl., ou 20,300,000 liv. tournois. Il est donc complètement démontré que dans ces 21 années, les Anglais n'ont eu, année commune, que 20,300,000 liv. tournois de solde commerciale, dont il faudrait encore déduire les guinées exportées et les capitaux placés par les étrangers dans les fonds publics, qui ne font pas acquisition, mais emprunt.

On remarque dans cette période de tems 15 années de paix, pendant lesquelles les Anglais n'ont pas éprouvé un seul événement malheureux, n'ont pas cessé d'augmenter et d'étendre leur commerce, les 6 années de guerre ont été pour cette nation l'époque d'une prospérité plus grande encore : il est donc certain que dans les tems les plus heureux l'Angleterre n'a jamais eu plus de 20 millions par an de solde commerciale.

Je n'ai multiplié les preuves qu'afin de convaincre ceux mêmes qui avaient adopté trop fortement des préjugés contraires, pour être ramenés facilement à des idées plus vraies; les hommes mieux instruits n'ignoraient pas qu'il est impossible que l'Angleterre puisse avoir une grande solde commerciale.

Ils savent parfaitement que son industrie perfectionnée et ses banques, dont le papier égale à-peu-près le montant de ses monnaies métalliques, lui donnent de grands avantages; qu'en réussissant à baisser le prix de ses fabrications, elle était parvenue à réduire en quelque sorte l'Europe entière à l'état de colonies anglaises, en s'y assurant une prépondérance de vente qui, dans plusieurs genres, équivalait au monopole; que c'est à l'aide de ce grand moyen de suprématie commerciale qu'en perdant ses colonies, elle avait conservé, à l'étonnement de l'Europe entière, tout l'avantage qu'elles lui procuraient, tout le débouché qu'elles lui assuraient.

Mais ils pensent, comme moi, que c'est bien assez de reconnaître que cette source de revenu suffisait à l'Angleterre pour acquitter ses énormes consommations en marchandises étrangères (1), pour réparer le désavantage d'un sol sans fertilité, d'un climat qui repousse toutes les cultures de denrées précieuses, pour lui permettre d'être riche quand la nature la condamnait à être pauvre, et pour lui procurer enfin une solde commerciale de 20 millions, un cinquième dans le partage de l'or et de l'argent de l'Amérique; qu'il faut s'arrêter là, et qu'il serait extravagant de supposer un accroissement monstrueux de richesse chez une nation condamnée à d'énormes importations pour toutes ses consommations de luxe, pour une grande partie de ses besoins de première nécessité, et dont le sol ne fournit aucun article important de vente à l'étranger.

On vient de voir dans les deux premiers chapitres de cet ouvrage le compte du revenu général de l'Angleterre, le tableau de sa balance de commerce, et la solde que cette balance lui donne. Je vais essayer maintenant de faire connaître la richesse de la France.

---

(1) Elles montaient, comme on vient de le voir, à 713,000,000 par an.

CHAPITRE III.

Tableau du revenu général de l'Empire Français.

Avant de présenter le tableau que j'annonce, je vais donner, comme j'ai fait pour celui de l'Angleterre, des explications qui en faciliteront l'examen.

Revenu des propriétés territoriales.

Le territoire de la France se partage en cinq espèces de culture, les bleds, les bois, les prairies naturelles, les prairies artificielles et les vignes : leurs produits étant trop différens pour qu'on puisse les confondre dans une seule masse, en apprécier le revenu et justifier cette appréciation, je vais les présenter séparément ; je ferai connaitre ensuite sur quelles autorités je me suis fondé pour calculer le nombre d'arpens qu'occupe chaque culture, et le taux moyen du revenu que l'arpent donne au propriétaire ; mais je dois avertir que mon projet est de rester au-dessous du nombre et de la valeur dans toutes mes estimations, afin d'éviter jusqu'à l'apparence de l'exagération.

	arpens.	revenu de l'arpent.	revenu total.
Terres à bled.	75,000,000	à 20 l. 10 s.	1,537,000,000 l.
Bois.	16,000,000	à 18	288,000,000
Prairies.	4,000,000	à 50	200,000,000
Luzernes. . . .	5,000,000	à 50	250,000,000
Vignes.	5,000,000	à 80	400,000,000
Moulins	30,000	1000	30,000,000
Terres vagues.	22,000,000		
	127,000,000		2,705,000,000 l.

La carte que M. Proni a donnée dans l'an 6, porte l'étendue de la France à 120 millions d'arpens. Je n'en ajoute que 7 millions pour le Piémont, la Ligurie, la Toscane, pour tous les pays réunis depuis l'an 6, quoique je sois convaincu que le Piémont et la Ligurie suffisent seuls pour les fournir.

Aucun ouvrage français ne présente avec quelqu'apparence d'exactitude ni le nombre d'arpens consacré à chaque culture, ni le taux commun du revenu que l'arpent donne aux propriétaires.

M. Lavoisier, dont le nom seul inspire le respect, la douleur et les regrets, avait de grands talens et d'excellentes intentions; mais, distrait par d'aures études, et sur-tout égaré par les faux principes des économistes, ses ouvrages, eux-mêmes, portent par-tout des caractères d'erreur si évidens, qu'il est impossible d'avoir la moindre confiance dans ses calculs, sur l'étendue ou les produits de notre agriculture. Les recherches de ce genre ne peuvent d'ailleurs être faites avec utilité que par un cultivateur éclairé, qui voyage exprès pour s'y livrer; Arthur Young étant le seul qui présente ces gages à la confiance, j'ai adopté ses évaluations toutes les fois qu'elles ont été confirmées par les connaissances que j'ai moi-même acquises en parcourant la plus grande partie de l'ancienne France et de nos acquisitions, en passant ma vie avec des propriétaires, en cultivant dans la Bretagne et dans la Basse-Normandie (1), et en laissant rarement échapper l'occasion de m'instruire : j'ai pris d'ailleurs un moyen plus sûr encore d'éviter les exagérations, en restant, comme on va le voir, pour la plupart des articles, fort au-dessous des estimations que donne Arthur Young.

---

(1) J'ai vu dans la première de ces provinces des exemples de l'agriculture la plus négligée, et dans la seconde le spectacle d'un pays aussi bien, ou mieux cultivé que les meilleures parties de l'Angleterre.

Estimation des prix de fermage suivant Arthur Young.			Estimation que je donne.
Pour les terres à bled	23 l.	7 s.	20 l. 10 s.
Pour les bois.	17	15	18
Pour les prairies naturelles.	62	10	50
Pour les prairies artificielles.	62	10	50
Pour les vignes	112	10	80

Je n'ajouterai à ce tableau qu'un petit nombre d'observations. Si j'ai conservé au revenu de l'arpent de bois la même évaluation que lui donnait Arthur Young, si je l'ai même augmentée de quelque chose, mes motifs sont l'extrême accroissement du prix des bois depuis 1789, et les fortes raisons que j'ai de croire qu'il n'a pas fait entrer en compte le produit des arbres épars, et de ceux qui sont plantés en avenues ou dans les haies, quoique ces derniers donnent annuellement dans les provinces encloses un produit considérable en bois de chauffage et même de charpente.

J'évalue à un prix très-modéré, l'arpent de terre à bled, et cependant je place dans cette classe toutes celles qui peuvent être cultivées en lin, en chanvre, en garence, en navette, en colsa, en pavots, et qui sont affermées beaucoup plus cher; j'y comprends encore toutes les terres qui portent des oliviers ou des mûriers, et cette multitude de champs plantés en pommiers qu'on voit dans les provinces de l'Ouest, dans une partie de celles du Nord, et dont le prix de ferme double ordinairement, en raison de la récolte des fruits.

Le prix de vente d'un arpent de vigne, dans les crûs ordinaires de la Bourgogne, est de 3000 l. Il se réduit à 1200 liv. dans les très-petits vignobles. Le prix moyen est de 2100 liv. La difficulté d'affermer les vignes, et le peu de régularité de leur revenu dépréciant ce genre de propriété, les vignobles ne se vendent pas au-dessus du denier 20, et la rente du propriétaire, que je n'apprécie qu'à 80 liv., pourrait donc se calculer à 105.

J'ai compris les moulins dans cet article, parce qu'ils sont ordinairement imposés avec les terres, je suis convaincu que leur nombre égale celui des communes; mais je n'ai voulu les porter qu'à 30,000 pour éviter toute erreur.

Le revenu que je présente pour chaque genre de culture, est le revenu brut, sur lequel il faudrait défalquer les réparations.

Profits des fermiers.

Je n'estime les profits que les fermiers retirent de leurs fonds d'avance qu'à la moitié du prix de la ferme, quoique les Anglais l'évaluent aux trois quarts.

Le sol de l'Angleterre est inférieur à celui de

la France ; la culture au contraire est meilleure chez les Anglais ; ils y emploient beaucoup plus de fonds d'avance que nous , et comme il est évident que le prix de ferme se règle d'après sa fertilité de la terre, et que le profit du cultivateur est toujours proportionné à la bonté de sa culture et à la somme des fonds qu'il y consacre, la part du propriétaire français doit être plus forte , et le fermier anglais doit être mieux partagé.

Dans plus de la moitié de la France , les terres se louent en métairies ; les produits , défalcation faite des semences , sont partagés par égale portion entre le propriétaire et le métayer , et si on déduit de la part de ce dernier les frais de culture et le salaire de son travail , il ne reste pour les profits de ses fonds d'avance qu'un quart de la récolte , ou la moitié du revenu du propriétaire.

Il est très-rare qu'on loue les vignes ; mais le propriétaire qui les cultive réunit les profits du fermier au revenu de la propriété.

Le marchand qui achète les bois sur pied , et les exploite , représente le fermier pour ce genre de produit territorial.

Produit des maisons.

M. Beeke , pour calculer le produit des maisons , évalue , comme on l'a vu , la dépense du logement pour les particuliers, au seizième de leur revenu; j'ai suivi sa méthode, j'ai défalqué du revenu général les profits des fermiers dont les loyers sont compris dans le bail des terres; mais j'ai réduit au dix-huitième la proportion, eten voici les motifs.

Nos maisons de ville ayant des appartemens beaucoup plus vastes, et leur construction exigeant plus de dépenses, elles doivent donner un produit plus considérable que celles des Anglais; mais dans les petits bourgs et dans les villages, leurs habitations ont beaucoup plus de valeur que les nôtres, et quoique je sois convaincu que la balance serait en notre faveur, le principe d'éviter toute exagération m'a décidé à réduire au dix-huitième la proportion entre le produit des maisons et le revenu des particuliers qui les habitent.

Profit des fonds dans le commerce intérieur.

J'ai encore suivi pour cet article la méthode de M. Beeke. J'ai calculé que la généralité des particuliers dépensait son revenu (1), et que le commerce intérieur lui fournissant tous les objets de consommation, la somme de ses opérations était

(1) Ils compensent, comme je l'ai déjà dit, les épargnes de l'avare par l'excès de dépense du prodigue.

égale au montant du revenn général, dont il fallait seulement défalquer un sixième pour les denrées ou marchandises consommées dans la famille du producteur. L'intervalle entre la sortie et la rentrée des fonds ne peut se calculer qu'à neuf mois; mais le taux moyen des profits, toujours réglé par l'abondance ou la rareté des capitaux, étant très-certainement de 20 pour 100, par an, dans l'ensemble du grand et du petit commerce de la France, j'évalue ces profits à 15 pour 100 du montant des opérations.

Revenu que forment les salaires.

L'annuaire présenté au Gouvernement par le bureau des longitudes, porte la population de l'empire à 35,760,000 habitans; mais quoique les Anglais comprennent la nation toute entière dans les deux classes dont le revenu est fondé en tout ou en partie sur le produit du travail, j'ai cru devoir retrancher, pour les mendians et les hommes oisifs, 1,260,000 individus du nombre que fixe l'annuaire, et ne calculer que sur 34,500,000 habitans.

Je les ai partagés en deux classes : le peuple des campagnes, et celui des villes et bourgs. Je place dans la première classe les trois quarts de la population, ou 26 millions d'habitans; je les divise par familles, en comptant cinq personnes dans chacune, et cette division me donne 5,200,000 familles, dont j'évalue le salaire à 400 liv. par an.

J'arrive à cette évaluation en comptant le nombre des journées à 267, en estimant à 20 s. le prix commun de la journée du chef de famille, et en évaluant à 10 s. par jour le gain de la femme et des enfans. Si on observe que je réunis dans cette classe les ouvriers de tout genre, les fermiers, les petits marchands, les cabaretiers, et quelques personnes qui sont appointées par le gouvernement ou par les riches propriétaires, et qu'on retrouve dans toutes les campagnes; si on considère encore que les salaires ont beaucoup augmenté depuis 20 ans, et qu'Arthur Young estimait, en 1789, le travail du simple manœuvre à 19 s. (1), et se fondait sur des notes qu'il avait prises dans toutes les parties de la France, on sera bien sûr que mon estimation est au-dessous du prix commun.

Je ne porte le nombre d'habitans des villes et des bourgs qu'à 8,500,000 têtes, ou le quart de la population générale, quoique M. Lavoisier le calcule au tiers; je ne compte dans chaque fa-

(1) Il estimait à 30 sols la journée des maçons et charpentiers.

mille que quatre individus (1), cette partie de la population ne s'accroissant, ne se soutenant même que par les recrues des campagnes.

L'intempérie des saisons ayant peu d'influence sur le travail dans les villes, et le dimanche même ne produisant aucune interruption dans le salaire des classes appointées et de plusieurs genres d'ouvriers, j'estime le nombre des journées à 280 par an; je ne porte le salaire du chef qu'à 40 s. par jour, et je n'évalue le gain de la femme et des enfans qu'à 25 s., quoique dans les villes il égale ordinairement et surpasse quelquefois de beaucoup celui du père.

Le calcul fait sur ces données porte le taux moyen des produits du travail dans cette classe à 910 liv. par famille, et pour démontrer la modicité de cette évaluation, il me suffira sans doute de dire que cette classe renferme des personnes dont les appointemens montent à 200,000 liv. par an, tout ce qui tient à l'administration publique, à l'ordre judiciaire, aux bureaux des négocians ou aux arts, et que je comprends encore dans le revenu de cette classe tout ce que le travail de cabinet, d'atelier ou de boutique ajoute

(1) Si j'avais divisé la population par ménages, j'y aurais compris les domestiques; mais cette manière de calculer conduisant à de grandes erreurs, la division par famille doit être préférée.

au profit des capitaux chez le commerçant, l'artisan et le marchand.

CHAPITRE III.

Tableau du revenu général de l'Empire Français.

Revenu des terres	2,705,000,000 l.
Revenu des maisons qui ne sont pas louées avec les terres . .	550,000,000
Profits des fonds employés à la culture.	1,352,000,000
Profits des fonds employés au commerce intérieur	1,250,000,000
Produit des salaires. Ville . . .	1,933,000,000
Campagne.	2,080,000,000
TOTAL.	9,870,000,000 l.

Le tableau qu'on vient de voir porte le revenu général de la France à 9,870,000,000 livres, et cependant on n'y retrouve pas plusieurs articles qui sont entrés dans le compte de la richesse des Anglais, les produits des dîmes, les revenus des colons qui habitent la mère-patrie, ceux que donnent les canaux, les péages, les mines, et tous les profits des fonds employés dans le commerce extérieur.

Les dîmes ont été supprimées dans tout l'Empire.

Il existe sans doute quelques colons qui reçoivent des remises de l'Amérique et en dépensent le montant dans la métropole ; mais cet objet est trop foible aujourd'hui pour mériter un article particulier.

Les revenus des canaux et des péages formeraient une somme plus considérable ; mais j'ai trop peu de données pour entreprendre de les calculer : je n'en connais aucun état exact ou approximatif.

Nos mines de métaux ou de combustibles, nos terreins à tourbes, nos carrières de marbre, de pierre à chaux et de plâtre, nos marnières, nos faluns, nos dépôts de cendres noires, nos sources salées, donnent à la France de très-grands produits qui entreraient tous dans l'article des mines ; mais quand on y réfléchit avec quelque attention, on reconnaît que la valeur de ces produits ne représente que les salaires des ouvriers, les frais de transports et les profits des fonds employés à leur extraction, les propriétaires de ces carrières n'en retirant, pour ainsi dire, aucun revenu.

Il en est de même des forges, qui donnent à la nation de grandes richesses, mais ne procurent à ceux qui les possèdent qu'un débouché avantageux pour des bois qu'ils auraient mal vendus; et le profit commercial de leurs fonds, s'ils les exploitent eux-mêmes; tous les revenus que produisent ces différens articles étant par conséquent déjà compris dans les salaires, les profits des capitaux ou le revenu des terres dont le produit des bois forme une partie essentielle; j'aurais commis une erreur si j'en avais fait un article particulier. (1)

Dans le produit des mines de plomb tenant argent, de cuivre, d'alun et de charbon de terre que nous avons en France, il devrait sans doute exister un revenu particulier, résultant du privilège d'exploiter; mais j'ai de fortes raisons de penser qu'en balançant les répartitions qu'obtiennent quelques compagnies avec les emprunts et les nouvelles avances que les autres sont obligées de faire pour leurs dépenses ordinaires, on verrait que le revenu de toutes les mines de France pour tous les concessionnaires, se réduit à zéro ou

---

(1) Je crois que M. Pitt et M. Beeke ont commis ce double emploi; je suis convaincu qu'ils ont confondu dans le revenu des mines le profit des fonds employés à leur exploitation, sans s'appercevoir qu'ils les portaient une seconde fois parmi les bénéfices du commerce intérieur. Il me paraît impossible que les mines d'Angleterre donnent aux propriétaires un revenu de 116,000,000, après leur avoir payé 15 pour 100 de leurs avances.

même au-dessous de zéro, que parmi celles qui fournissent des répartitions, il y en a très-peu qui donnent au-delà de l'intérêt des grandes avances qu'on a faites pour les établir, tandis que beaucoup d'autres compagnies ne retirent aucun profit de leurs fonds, et qu'on ne peut pas par conséquent porter les mines comme un article particulier dans le compte du revenu de la France. J'expliquerai la cause de ce désordre en parlant des grandes améliorations dont nos différentes sources de richesses sont susceptibles.

J'ai passé sous silence les différens articles du commerce extérieur : la valeur des denrées et des marchandises nationales que nous exportons par terre est certainement très-considérable, et les profits de la nation dans ce commerce doivent être comptés sur le pied de 20 pour cent, par an, pour les avances du fabricant, comme pour les fonds du négociant qui exporte; mais il serait impossible de se procurer des bases sûres pour calculer les opérations de ce commerce, dans cet instant où il vient de renaître, et je suis loin de vouloir me livrer à des évaluations hasardées; mais si l'on réunissait les articles que j'ai omis aux articles que j'ai portés et qui montent à 9,870,000,000, le revenu de la France s'élèverait certainement à plus de 10 milliards.

Le tableau du revenu général d'un peuple ne

peut jamais présenter que des valeurs vénales; et le prix des denrées et des salaires étant beaucoup plus élevé en Angleterre qu'en France, il en résulte dans la plupart des articles de la richesse de cette nation une fausse grandeur, une boufissure qui en fait paraître le produit beaucoup plus considérable qu'il ne l'est réellement.

Le prix commun de 1,000 quintaux de froment est à Paris, 10,000 l. Le prix le plus bas de la même quantité de bled est à Londres, 12,500 l. Les valeurs intrinsèques sont absolument les mêmes, et cependant les valeurs vénales diffèrent d'un cinquième; l'excédent du prix est beaucoup plus considérable encore sur les salaires. M. Becke estime ceux d'une famille de simples ouvriers, à 989 l. (1) par an; je ne les évalue pour la France qu'à 400 l., et pour 1,500,000 familles qu'il compte dans cette classe, l'effet que cette différence produit sur la somme du revenu général est une fausse valeur de 730 millions. (2)

---

(1) 43 livres sterling, voyez *observations of the income tax*, page 122.

(2) La valeur intrinsèque du travail de 1,500,000 familles anglaises, ou du même nombre de familles françaises, occupées des mêmes travaux, est absolument égale; mais la différence dans le prix des salaires enfle le compte de l'Angleterre de 730,000,000.

L'abondance du numéraire, effet nécessaire des banques que les Anglais ont établies, est la principale cause de cet excédant dans le prix des bleds et des salaires, son influence est nécessairement la même sur la valeur nominale des produits dans les autres branches de revenu, et il ne faut excepter de cette règle que les profits des fonds.

Je resterai donc fort au-dessous du vrai, si je ne calcule qu'à un cinquième la différence entre l'apparence et la réalité dans la richesse de l'Angleterre, et il en résulte cependant que son revenu se réduit à 4 milliards, et ne forme plus que les deux cinquièmes de celui des Français.

La Grande-Bretagne à l'époque où M. Pitt présentait le tableau de sa richesse, (1) était au sommet de la roue de fortune; la France, au contraire, dans ce moment où je calcule son revenu, sort d'une révolution qui avait tout détruit; elle est fatiguée par une longue guerre, par ses victoires même, et cependant elle peut encore montrer un revenu de dix milliards, quand celui des anglais, présenté par les ministres à l'instant de leur plus grande prospérité, se réduit à 4 milliards en valeur réelle.

Toutes les sources de richesse pour l'Angleterre

---

(3) En 1795, 1796, 1797 et 1798.

ont atteint ce degré de force, qui ne présente presqu'aucune amélioration à espérer, qui ne laisse que la crainte de déchcoir.

Le point de perfection où elle a porté son agriculture, lui donne tous les produits qu'elle peut attendre d'un sol peu fertile et placé sous un climat défavorable.

Ses banques, qui lui ont créé une somme de numéraire presqu'égale à celle de ses monnoies, ne peuvent plus augmenter sensiblement leurs émissions, sans nuire au commerce d'industrie en élevant encore le prix du travail.

Ses manufactures qui avaient assuré à leurs produits, dans la plupart des marchés de l'Europe, la préférence sur les fabrications nationales, ne peuvent espérer, tout au plus, que de reprendre leurs avantages. La principale branche de son commerce d'industrie, ses fabriques de coton, qui lui donnent plus de richesses que le Bengale, sont menacées d'une chûte prochaine. Cette chûte commencera le jour où la France reconnaissant le grand intérêt qu'elle a de proscrire ce genre d'étoffes, emploiera l'avantage que lui donne sa prépondérance politique pour faire sentir aux autres nations qu'elles ont le même intérêt.

Elle faisait, presque seule, le commerce maritime, elle régnait sur les mers, et ne permettait aux autres pavillons d'y paraître, qu'autant que leur navigation pouvait servir ses intérêts ; mais en fatiguant la patience des puissances maritimes, elle les a réunies contre sa tyrannie ; elle est arrivée, pour toutes les sources de richesse, à ce dernier terme où les progrès s'arrêtent, toutes les routes d'ascension sont fermées pour elle, et sont ouvertes pour nous.

Agriculture, commerce d'industrie, établissement de banques, tout chez les Français, est susceptible, comme je le prouverai bientôt, des plus grands, des plus rapides progrès ; et les résultats en seraient si prodigieux, qu'à l'instant où je les présenterai, on m'accusera d'exagération, quoique je reste fort au-dessous de la réalité.

Les Anglais, depuit vingt ans, uniquement occupés d'accroître leurs moyens de richesse, ont négligé de les affermir, ou plutôt ils ont détruit les bases qui en assuraient la durée ; en sacrifiant l'une après l'autre toutes les coalitions qu'ils avaient créées, ils se sont ôté les moyens de former des alliances, ils se sont privés de cette force fédérative qui, seule, peut garantir l'existence d'un petit état, voisin d'un grand empire.

En promettant toujours, en n'envoyant jamais de secours en forces militaires, ils ont anéanti leur armée. La nature peut créer des hommes courageux ; les combats seuls peuvent former des guerriers ; leurs *fencibles*, leurs *freemen* qui manœuvrent sur la pelouse, leurs troupes mêmes qui n'ont jamais combattu, ne sont pas des soldats ; des partisans du ministère peuvent en recevoir le titre et les appointemens de général, mais il ne peut leur donner ni la science de la guerre, ni la sagesse de résister au vice dominant de leur nation.

Les Anglais, je le répète, ont accru depuis vingt ans leur commerce et leur richesse ; mais en perdant leurs alliés, en détruisant leur armée, ils se sont ôté tous les moyens de force qui conservent la richesse.

La France, à la même époque paraissait s'appauvrir, son agriculture ne faisait que de faibles progrès, ses manufactures se détruisaient ; son numéraire se disséminait dans les campagnes, et devenait inutile au commerçe ; mais elle étendait, elle affermissait les bases de sa force et de sa puissance ; les conquêtes qu'elle conservait n'étaient pas dans l'Inde, elles n'étaient pas à deux mille lieues de ses frontières, elles y touchaient ; elles s'incorporaient, dans l'instant même, à la métropole ; elles formaient à-la-fois moyen de richesse et moyen de force.

Les autres conquêtes qu'elle ne réunissait pas, servaient à reculer le théâtre de la guerre à deux cents lieues de ses frontières, et lui donnaient pour alliés de grandes puissances, dont l'existence est inséparable de la sienne.

Sa décadence de richesse n'était qu'apparente : tandis que les Anglais se glorifiaient d'avoir créé des manufactures qui leur fournissent pour cent millions de marchandises à exporter, elle se donnait de nouvelles provinces qui ajoutaient 10 millions d'hommes à sa population, 500 millions de livres tournois à son revenu territorial.

L'Angleterre entre déjà dans l'état rétrograde ; la fourniture de l'Amérique ne la dédommagerait pas de la fourniture de l'Europe qu'elle a perdue, et la France n'a besoin que de la paix pour rentrer dans l'état progressif ; que dis-je, elle n'a besoin, dans ce moment même, que d'être dirigée, d'être excitée par son Gouvernement, et le Chef de ce Gouvernement réunit au plus haut degré l'activité, la force de volonté, la fermeté de caractère, toutes les qualités dont un Monarque a besoin pour réparer les fautes commises avant son règne, et pour entraîner ses sujets à profiter de tous les avantages que la nature leur a prodigués.

Il me reste une dernière réflexion à présenter : quand le général Bonaparte arriva de l'Egypte, la France avait fait de grandes conquêtes, elle avait déjà réuni plusieurs départemens ; mais l'anarchie était à son comble ; des loix tyranniques révoltaient la nation ; la guerre civile recommençait, elle allait bientôt s'étendre dans toutes les parties de la France : cette guerre sans chef, sans unité d'opinion dans les généraux, n'aurait rien réparé, aurait achevé de tout détruire. La perte des conquêtes était nécessairement le premier et le moindre des maux qu'elle eût produit.

Le pouvoir est remis entre les mains du Monarque qui nous gouverne aujourd'hui, et au même instant la guerre civile est appaisée ; les ennemis sont vaincus, et l'anarchie est détruite sans effusion de sang ; l'histoire n'en présentait aucun exemple, la gloire de le donner lui était réservée. Si j'étais chargé de faire son éloge, je peindrais l'état de la France au moment où il parut, je le comparerais à son état actuel, et pour placer ce prince au premier rang, je n'aurais pas besoin d'éloquence ; mais j'écris sur l'économie politique, et je me borne à nommer, comme je le dois, celui qui en conservant nos premières conquêtes, et y ajoutant des conquêtes nouvelles, nous a donné un accroissement de population de dix millions d'hommes, et un accroissement de revenu de deux milliards.

Je viens de présenter les tableaux comparatifs du revenu de l'Angleterre et du revenu de la France ; j'ai donné la facilité de calculer toute l'étendue de notre supériorité de richesse ; je vais parler maintenant des grands moyens qui nous restent pour l'accroître encore ; et montrer les avantages que la connaissance des différentes branches du revenu général donne aux gouvernemens, pour former des plans d'encouragement et d'imposition.

Chapitre IV.

Encouragement à l'agriculture et à l'industrie.

Agriculture.

Tous les gouvernemens regardent comme un devoir de favoriser les progrès de la richesse nationale, et ils s'en occupent presque tous; mais s'ils négligent de se tracer des plans pour diriger leur protection et leurs secours; ils ne peuvent avoir que de foibles succès.

Quand on veut éviter cette faute, il faut chercher à reconnaître parmi les principales branches du revenu général, celles qui négligées jusques là feraient les plus rapides progrès, si on les favorisoit.

A l'époque où M. de Sully gouvernait les finances et le commerce de la France, le rétablissement de l'agriculture ruinée par 30 années de guerre civile, devait fixer avant tout les regards de l'administration; ce sage ministre le reconnut, il y donna tous ses soins; et en ranimant cette grande source de la richesse publique, il acquit autant de gloire qu'en rétablissant les finances.

Quand M. de Colbert fut placé à la tête du

même département, l'agriculture n'était plus dans l'état d'abandon où M. de Sully l'avait trouvée; l'excessif fardeau des tailles entassé sur les cultivateurs, semblait être la seule cause qui retardât ses progrès; il chercha et trouva sans peine, dans les droits sur les consommations, une ressource suffisante pour augmenter chaque année le revenu du roi, et favoriser la culture en diminuant la taille; mais voyant que la France sans fabriques, sans marine marchande, était condamnée par cette inertie commerciale à payer d'énormes tributs aux nations étrangères, il reconnut que la création du commerce d industrie et du commerce maritime était devenue le premier besoin de la nation, le premier devoir de sa place; et ce fut sur ce grand intérêt qu'il fixa particulièrement son attention.

Ceux qui ont cru voir dans les opérations de MM. de Colbert et de Sully les effets de deux systèmes opposés, se sont trompés; des hommes aussi sages ne se laissent point guider par l'esprit de système: tous les deux ont suivi la même marche, tous les deux ont voulu connaître et ont parfaitement distingué la source de richesse que les circonstances leur prescrivaient d'encourager de préférence: tous les deux ont dirigé sur ce point la protection et les secours du gouvernement; et les succès qu'ils ont eu doivent faire sentir à toutes les administrations la nécessité d'adopter le même principe.

Un ministre qui voudrait imiter MM. de Colbert et de Sully, trouverait, comme je l'ai dit, de grandes facilités dans un tableau du revenu général; celui que je viens de présenter pour la France, nous montre la principale source de notre supériorité de richesse dans l'étendue et la fertilité du territoire qui donne aux propriétaires et aux fermiers près de 4 milliards de revenu, quand les mêmes articles ne présentent, pour la Grande-Bretagne, qu'une valeur vénale de 1,256,000,000, dont la valeur réelle se réduit même au-dessous d'un milliard.

Les revenus des propriétaires et les profits des fermiers ne présentent encore que les deux tiers du produit des terres, le troisième étant absorbé par les frais de culture; la valeur annuelle des productions du territoire français s'élève donc à 6 milliards.

Il existe dans l'Empire quelques cantons aussi bien ou mieux cultivés que les meilleures parties de l'Angleterre; mais il est généralement reconnu que dans les trois quarts de la France une mauvaise agriculture diminue de plus d'un tiers les productions du sol, un abus aussi grand aurait fixé depuis long-tems l'attention du gouvernement et serait corrigé, si on avait bien calculé la perte énorme qu'il entraîne ; et si on avait connu les obstacles à vaincre, la facilité de les surmonter, et les moyens à prendre pour y réussir, je vais les indiquer.

Les vignes et les vergers, les bleds et les herbes où les racines semées pour la nourriture des bestiaux, et les bois de chauffage ou de construction, sont pour la France les trois genres de culture qui dans le moment actuel doivent fixer particulièrement l'attention des administrateurs.

VIGNES.

La culture des vignes, naturellement encouragée par la valeur précieuse des produits, s'élevera d'elle-même au point où il est utile qu'elle atteigne. Les principaux moyens de hâter ses progrès, sont de diminuer les frais de transport par des confections de grandes routes et de canaux (1) et d'étendre le cercle où nos vins peuvent être

(1) Si on ouvrait de nouvelles routes et des chemins de communication dans les montagnes du Roussillon, les produits de ce grand vignoble doubleraient ; et ses vins, qui ont beaucoup de rapport avec ceux d'Oporto, formeraient bientôt un grand article d'exportation à l'Amérique septentrionale : il suffirait d'y ajouter le mélange d'eau-de-vie qui entre dans tous les vins que boivent les Anglais.

exportés en obtenant des princes voisins des facilités de transit ; mais le Gouvernement s'occupant déjà de ces deux moyens d'encouragement, avec toute l'activité qui caractérise le Monarque, je ne les rappelle ici que pour lui payer le tribut de reconnaissance que la nation lui doit. Tout ce qui reste à desirer pour l'encouragement des vignobles, c'est que le grand impôt qui doit être levé chez tous les peuples sur les consommateurs des boissons, ne nuise pas à la reproduction de ces denrées précieuses ou à l'extension de leur culture, par l'inégalité de la répartition, et en obligeant les propriétaires à des avances inutiles, quand le plus grand inconvénient des vignes est d'exiger de grandes avances qui sont indispensables.

DES BLEDS.

La France produit, année commune, plus de bled qu'elle n'en consomme ; si quelques-unes de ses provinces en ont toujours importé, les autres, avant la révolution, en envoyaient une quantité beaucoup plus considérable dans les colonies ou à l'étranger. La culture a fait depuis ce tems quelques progrès ; et parmi nos acquisitions, les départemens de la rive gauche du Rhin, le Piémont et la Belgique produisent en bled beaucoup plus qu'ils ne dépensent ; il est donc certain que dans l'état actuel de la population et de l'agriculture, les récoltes de grains, dans les années communes, s'élèvent au-dessus des consommations.

Mais si la France récolte ordinairement plus de bled qu'elle n'en consomme, il n'en est pas de même pour tous les genres de produits que donnent les troupeaux, nous sommes obligés tous les ans à des importations considérables en chevaux, en bœufs de boucherie, en salaisons, en cuirs et en laine ; et cependant il n'existe point de puissance en Europe dont le territoire présente plus de facilité que le nôtre pour avoir un grand excédant dans ces mêmes genres ; les moyens de faire cesser ce besoin, de multiplier nos troupeaux et de recouvrer les grandes richesses que la nature nous offre et que la négligence nous enlève, étant les mêmes qu'il faut employer pour augmenter encore nos récoltes de bled, je réunirai dans un seul article tout ce qui concerne ces deux améliorations.

Reposer la terre en la laissant en jachère, en la laissant sans produit, au lieu de la reposer par l'alternage de culture, en faisant succéder les prairies artificielles aux bleds, et les bleds aux prairies artificielles : ne cultiver jamais de racines pour la nourriture des bestiaux, ne pas savoir se procurer la quantité d'engrais qui serait nécessaire : voilà les trois causes de l'infériorité de notre agriculture.

Toutes ces fautes se réduisent en dernière analyse à une seule, le repos par jachère ; et on n'en doutera pas, si on observe que la culture de ces terreins en prairies artificielles donnant de grandes récoltes de fourages, permettrait par conséquent de multiplier les bestiaux, la masse de fumiers s'accroîtrait en proportion ; et que cet excédant d'engrais donnerait la facilité de cultiver les racines qui demandent que la terre soit bien préparée.

Je viens de faire connaître le vice de notre agriculture ; je vais maintenant en calculer les effets : nous laissons annuellement 15 millions d'arpens en jachère. La récolte médiocre d'un arpent de treffle, luzerne, ou sain-foin ne peut pas être évaluée au-dessous de 60 l. La perte que ce vice d'agriculture cause à la France est donc de 900 millions par an ; et il faudrait encore ajouter à cette somme le profit sur les bestiaux, qui est toujours très-supérieur à la valeur des fourrages qu'ils consomment ; et l'excédant en récolte de bleds, suite naturelle de l'excédant en fumier que donnerait un pl s grand nombre de bestiaux.

Si on supposait que mes calculs fussent exagérés, je demanderais où on soupçonnerait l'erreur ? Serait-ce sur l'étendue des terres laissées en jachère ? Arthur Young l'estimait en 1789, à 14 millions d'arpens. M. Lavoisier la portait en 1791, à 18 millions. Je suis resté fort au-dessous du terme moyen ; et cependant il existe beaucoup de jachères dans les conquêtes que la France a réunies depuis cette époque.

Si on disait que je me suis trompé sur l'évaluation de la récolte ; je répondrais : un arpent de terre en treffle médiocre est plus que suffisant pour nourrir deux bœufs de labour pendant cinq mois ; je n'estime donc la nourriture d'un bœuf de travail qu'à 4 sols par jour, est-ce trop ? Dans l'évêché de Coutances où mes biens étaient situés et où j'ai cultivé pendant assez long-tems 200 arpens de terre labourable, la culture des prairies artificielles est adoptée depuis un siècle, une bonne récolte de treffle y est plus estimée qu'une bonne récolte de froment ; l'arpent de terre y donne cependant 1,500 l. pesant de froment qui, à 2 sols la l., fait 150 l., et je n'estime le treffle que 60 l. Arthur Young évalue le produit d'un arpent de luzerne, de 100 à 150 l. et je ne l'estime qu'à la moitié de cette valeur. Il est donc certain que si je me trompe en estimant à 900 millions, par an, la perte de revenu que causent les jachères, ce n'est pas en exagérant, mais en restant au-dessous de la réalité ; et ce que je viens de dire suffit sans doute pour démontrer qu'il n'existe point, qu'il ne peut pas exister en France de moyen plus puissant d'augmenter la richesse nationale que de détruire l'usage des jachères, et d'y substituer l'alternage de productions.

Cet alternage consiste à cultiver une plante dont la racine pivote et s'enfonce dans la terre, après une plante dont les racines rasent la superficie : la terre s'améliore plus par cet alternage que par l'état de stérilité. Les plantes qui pivotent, comme le treflle et la luzerne, allant chercher leur nourriture à une profondeur où les racines des grains ne pénètrent jamais, et s'y nourrissant des engrais que les eaux pluviales y ont entraînés, ne fatiguent en aucune manière la couche supérieure qui nourrit les bleds. Cette couche repose donc sous les prairies artificielles, comme si elle était en jachère, elle se répare mieux : les feuilles des plantes qui tombent sur la terre, et les racines ou les débris de racines que la charrue retourne, y donnant un premier engrais. Ces faits n'ont pas besoin d'être démontrés, ils sont généralement reconnus de tous les cultivateurs, et forment axiomes en agriculture. Il est donc certain que l'abandon de l'usage vicieux qui existe aujourd'hui, donnerait une valeur énorme en récoltes nouvelles, sans nuire et en améliorant même les récoltes que nous avons aujourd'hui.

J'ai trop fortement démontré le prodigieux

avantage de la destruction des jachère pour n'avoir pas le droit de dire que si cette amélioration offrait de grands obstacles à vaincre, si elle exigeait une longue suite de soins et de grands sacrifices, il faudrait encore s'y résoudre. Je vais montrer à présent que les obstacles sont en petit nombre; que les sacrifices sont presque nuls; que pour ajouter 900 millions au revenu de la France, le Gouvernement n'aurait besoin que d'un seul acte de cette volonté ferme dont il n'a pas balancé à s'armer dans une circonstance beaucoup moins importante.

Les obstacles naissent de la routine, de l'habitude, si puissante sur les habitans des campagnes; ils dépendent encore de l'opinion assez généralement reçue parmi les cultivateurs, que les prairies artificielles ne réussissent que dans des terreins choisis, et qu'elles demandent un sacrifice d'engrais dont les jachères dispensent le laboureur, et qui sont nécessaires aux terreins qu'il cultive en bled.

Il est, sans doute, très-facile de démontrer, comme je l'ai fait, les inconvéniens des jachères et les avantages de l'alternage : il est encore très-aisé de prouver que s'il existe dans toute la France des terreins productifs qui ne seraient pas propres à un genre particulier de prairie artificielle, il n'y en a point où on ne puisse cultiver avec avantage une des plantes qui forment ces prairies, la luzerne, le treffle ou le sain-foin (1), et il n'est pas difficile d'indiquer pour chaque canton celle qui doit être préférée.

Il est également certain que les prairies artificielles n'exigent aucun sacrifice d'engrais; et ce fait n'est pas seulement prouvé par l'exemple toujours douteux d'un particulier, ou d'un petit nombre de particuliers, mais par l'expérience générale des parties de la France où l'usage de ces prairies est adopté, et dont les cultivateurs se contentent de semer les treffles ou les luzernes au printemps avec les bleds de cette saison ou sur les bleds d'hiver (2).

Mais quelque facile qu'il soit de démontrer

---

(1) La luzerne dont le pivot a quelquefois plus de six pieds de longueur, allant chercher l'humidité à une profondeur où le soleil ne peut jamais dessécher la terre, vient parfaitement dans les Provinces du Midi et par-tout où le sol a beaucoup de fonds. Le treffle réussit dans toutes les autres provinces et dans toutes les terres où la couche végétale a quelqu'épaisseur. Le sain-foin qui joint à un pivot des racines latérales, n'exige qu'une couche de 5 à 6 pouces et on le cultive avec succès, même dans la mauvaise Champagne.

(2) Quand on sème le treffle dans la basse Normandie, la terre n'a pas été fumée depuis 4 ans et a donné quatre récoltes; les prairies artificielles peuvent être semées en automne, par-tout où l'hiver est doux.

l'évidence de ces vérités, la routine a trop de pouvoir sur les laboureurs, sur cette classe d'hommes habitués à faire beaucoup plus d'usage de sa mémoire que de son jugement, pour qu'on pût réussir à faire adopter des cultures nouvelles, si on n'employait que des moyens de persuasion. Comment, d'ailleurs, persuader quatre ou cinq millions d'hommes qui ne lisent jamais; ils ne peuvent être convaincus que par l'exemple du succès; et cet exemple devant être présenté dans trente mille communes, la difficulté ne peut être vaincue que par le Législateur, par une loi expresse qui obligerait tout propriétaire ou fermier, cultivateur d'un terrein de 500 liv. de rente ou au-dessus, de semer en treffle, luzerne ou sain-foin, le tiers du terrein qu'il aurait laissé en jachère; qui condamnerait à une amende de 50 liv. tous ceux qui désobéiraient, et qui accorderait en même temps pour chaque commune une gratification de 100 liv. à celui qui aurait le plus excédé la proportion du tiers.

Il est impossible de douter que l'énorme avantage de ce changement ne décidât bientôt le cultivateur aisé à l'étendre à toutes les terres qu'il aurait laissées en jachère, et que son exemple n'entraînât les petits propriétaires, dont il est par-tout le guide et le conseil.

La prime ne coûterait par an que trois millions au Gouvernement, et je ne m'arrêterai pas à prouver qu'un pareil sacrifice doit être regardé comme nul, quand on le compare aux avantages.

La loi n'étant applicable qu'à des cultivateurs qui jouissent de quelqu'aisance, ne les obligeant qu'à la faible dépense d'acheter une première fois des semences qui ne sont jamais chères, et au facile travail de les répandre sur la terre; la désobéissance n'étant d'ailleurs punie que par une amende légère, je ne crains pas d'assurer que cette loi paraîtrait moins dure, et serait moins difficile à faire exécuter, que le décret qui a forcé les habitans de nos campagnes à se servir des roues à larges jantes, et cependant on ne croira pas que les avantages de ces deux lois puissent être comparés (1).

La surveillance pour l'exécution ne portant que sur trois ou quatre particuliers dans chaque commune, donnerait si peu de peine aux préfets et sous-préfets, qu'il faudrait renoncer à toute amélioration en agriculture s'ils ne l'exerçaient pas.

Après avoir présenté le moyen le plus puissant d'améliorer l'agriculture, le moyen d'ajouter au

---

(1) Cette loi doit être générale; s'il existe des terres où aucune prairie artificielle ne puisse réussir, elles sont en trop petit nombre, et la dépense perdue serait trop faible pour qu'on s'expose aux inconvéniens des exceptions.

revenu de la France l'énorme valeur que donneraient les récoltes de 15 millions d'arpens qui sont aujourd'hui stériles, de multiplier, de doubler le nombre des bestiaux, et d'augmenter considérablement le produit des terres cultivées par l'excédant en fumiers que donnerait la multiplication des troupeaux : après avoir, dis-je, présenté ce premier moyen d'amélioration, je vais parler de l'exportation des bleds.

Cette grande question a fait imprimer une foule de volumes, elle n'est pas encore résolue ; et en la réduisant comme elle peut l'être à des idées simples, un petit nombre de pages aurait suffi pour l'éclaircir.

Si on veut prévenir les disettes, il faut porter la culture au point de donner, dans les années ordinaires, un grand excédant qui se réduirait au nécessaire dans les mauvaises années ; mais si l'on ne permettait pas d'envoyer à l'étranger cet excédant qui ne peut pas être consommé dans la métropole, le manque de greniers pour conserver beaucoup de grains, et le défaut de fonds d'avance qui obligent le cultivateur à vendre tous les ans, la difficulté pour les négocians eux-mêmes de préserver les grands amas de bled des insectes qui les détruisent ou les détériorent. Toutes ces causes se réuniront pour avilir le prix des grains dans les années communes ; le laboureur réduit à l'impuissance par la pauvreté, suite nécessaire de la baisse excessive du prix de ses bleds, ou rebuté par les pertes qu'il éprouverait, ne pourroit pas, ou ne daignerait pas cultiver avec soin des terres dont les produits n'auraient pas de valeur, il resserrerait sa culture pour diminuer ses frais, ou consacrerait une partie du terrein qu'il ensemençait en bled, à d'autres emplois qui lui promettraient plus d'avantages, et les récoltes communes se réduisant bientôt au niveau des consommations ordinaires, à la quantité qu'on peut vendre dans le pays, toutes les mauvaises années entraîneraient la disette et les maux qui l'accompagnent.

Cette grande question se renferme donc d'elle-même dans de limites très-resserrées : pour avoir assez de bled dans les mauvaises années, il faut en avoir beaucoup trop dans les années ordinaires ; mais cet excédant ne peut jamais se vendre dans le pays ; et la raison ne permet pas d'espérer que le laboureur veuille cultiver plus de bled qu'il n'en peut vendre ; il est donc d'absolue nécessité de permettre l'exportation si on ne veut pas être exposé à des disettes.

Les bleds étant la denrée la plus commune dans toute l'Europe, et la plupart des nations récoltant dans ce genre autant qu'elles consomment, la permission d'exporter serait loin de suffire pour assurer la vente ; il ne faut donc pas se contenter de l'accorder, mais s'occuper des moyens de la faciliter ; le plus avantageux est sans doute d'avoir dans l'Amérique de grandes colonies où la métropole, qui se réserve le commerce exclusif, sera toujours sûre de vendre ; les primes, à la sortie, forment le second moyen ; si le premier ne suffit pas pour procurer une garantie suffisante contre les disettes, il faut recourir au second. Les Anglais les ont employés tous les deux ; et c'est une des causes de la grande amélioration de leur culture.

La liberté indéfinie d'exporter les bleds formerait une loi aussi vicieuse que la défense de les sortir ; la première des sagesses est de reconnaître que les principes les plus évidens ont des limites au-delà desquelles ils se transforment en erreur ; si les bleds sont en Angleterre au prix de famine, et dans la France au prix de cherté, ne serait-il pas insensé de permettre l'exportation qui nous conduirait au bout de quelques mois à tous les malheurs que produisent les disettes ; il est donc absolument nécessaire qu'une loi règle pour chaque port les prix qui donneroient ouverture aux primes d'encouragement, ceux qui ne laisseraient plus que la permission d'exporter, et ceux enfin qui feraient cesser cette permission (1).

Si en 1789 la liberté d'exporter avait été réglée par une loi ancienne et permanente, un ministre n'aurait pas eu les moyens de faire dépendre de sa volonté l'approvisionnement de Paris, de faire sortir à son profit, de faire rentrer aux frais de l'état les bleds qui l'assuraient, et de créer enfin cette disette factice qui eut des suites si funestes.

Les bois dont la France était jadis abondamment pourvue, ne lui suffisent plus depuis longtems; et la révolution ayant encore avancé le terme où le besoin dans ce genre se fera sentir d'une manière cruelle, il me paraît très-urgent d'employer les moyens qui peuvent seuls prévenir ce malheur.

La culture des bois de chauffage ne donnant de produit qu'au bout de quinze à vingt ans, et les arbres propres à la charpente ne pouvant être coupés qu'à l'âge de cent ou cent vingt ans, il serait imprudent de s'en rapporter à l'intérêt particulier pour ce genre d'approvisionnement. L'exemption d'impôts sur les nouvelles terres qui seraient consacrées à cette culture, suffirait peut-être pour les bois de chauffage; mais il est néces-

---

(1) Une loi générale serait vicieuse, le prix ordinaire à Marseille formant le prix de cherté dans la Picardie.

saire d'employer des moyens plus puissans pour les bois de charpente.

La confiance qu'on voulait bien m'accorder dans les Etats de Bretagne me faisant un devoir d'étudier les différens genres d'intérêt public et les objets d'amélioration sur lesquels mon avis pouvait avoir quelqu'influence, j'avais cherché les moyens d'utiliser les Landes, qui occupent un quart de cette province, et qui ne peuvent produire que des bois.

J'étais convenu avec mes amis, avec les différens chefs d'opinion d'engager la noblesse à faire de grands sacrifices à ses vassaux, pour obtenir sans contradiction une loi qui facilitât le partage de ces Landes et de décider les trois ordres à employer 150,000 liv. par an, en primes de dix écus pour chaque arpent défriché et cultivé en bois de futaie (1).

Cette loi et ces primes auraient fourni au bout d'un siècle, pour l'approvisionnement des ports de la Bretagne, une nouvelle coupe annuelle de 5000

(1) Des expériences que j'avais faites prouvaient que ces 10 écus étaient plus que suffisans pour couvrir tous les frais de clôture, de défrichement et de semence, et que le propriétaire aurait en profit net la récolte du seigle, qu'on sème avec les glands. Les bois de chauffage n'ont aucune valeur dans la partie de cette province, où les grandes landes sont situées.

arpens de forêts ; et il est facile d'en sentir toute l'utilité.

Le gouvernement pouvant exécuter quand il le voudra, ce que les Etats de Bretagne auraient fait, j'ai cru devoir l'indiquer ici ; j'observerai seulement que les loix nouvelles qui diviseraient à l'infini les Landes, mettent de grands obstacles à leur amélioration.

Je viens de présenter les principaux moyens de perfectionner l'agriculture ; et je vais parler maintenant du rétablissement de nos manufactures.

Encouragemens au commerce d'industrie.

Le tableau du revenu général de la France nous montre que les profits des fonds dans le commerce intérieur, montent à 1,236 millions et que les salaires du travail s'élèvent à 3,700 millions. On doit remarquer en même tems que la majeure partie du premier article et une portion considérable du second, ne représentent que le profit des fonds employés dans nos fabriques de tout genre, et les salaires des ouvriers attachés à ces fabriques ; l'exemple des Anglais nous dit encore qu'à l'instant où le commerce d'exportation reprendrait toute sa force, ce seraient les productions de l'industrie qui en formeraient la base ; et ces observations prouvant que cette source de richesse peut donner à la France de 2 à 3 milliards de produit, et plus de 500 millions de vente à l'étranger, la présentent comme la seconde branche du revenu général.

Après les denrées de toute espèce qui servent à la nourriture des hommes, les marchandises employées pour l'habillement sont le principal objet de consommation et forment l'article le plus important du commerce d'industrie; elles se divisent en deux classes, les étoffes fortes et les étoffes légères; la laine fournit presque seule la matière première des étoffes fortes; le lin, le chanvre et le coton remplissent le même emploi pour les étoffes légères.

Aucun peuple de l'Europe n'a reçu de la nature autant de facilité que les Français pour s'assurer la prépondérance de vente dans le commerce des étoffes; nous n'avons besoin pour en jouir que de tirer parti de nos avantages; mais nous sommes encore bien loin d'y avoir réussi.

La sagesse de Colbert nous assurait depuis long-tems une supériorité décisive sur toute l'Europe dans la fabrication des draps de première qualité; mais nous ne l'obtenions que par l'emploi des laines d'Espagne. L'acquisition des mérinos, ce grand bienfait que nous devons aux soins de l'Empereur, diminuera chaque année le tribut que nous payons à l'étranger pour ce genre d'importation ; et fournissant à nos fabriques des laines supérieures à beaucoup meilleur marché, produiront sur le prix des draps une diminution qui augmentera la consommation, étendra le cercle des ventes, et donnera beaucoup plus d'importance à ce commerce.

Mais si nos draps de première qualité l'emportent sur ceux des Anglais, si nos avantages dans ce genre sont à la veille de s'accroître encore, il ne faut cependant pas espérer qu'ils puissent compenser seuls l'infériorité où nous sommes restés dans le genre des draps communs ; et des lainerics, qui fournissant à la grande consommation des secondes et troisièmes classes de particuliers, forment un commerce infiniment plus étendu que celui des draps fins.

La meilleure qualité de ces étoffes, et la modicité des prix sont les moyens que les Anglais ont employés pour assurer à leurs fabriques la fourniture de toute l'Allemagne, malgré l'avantage que la facilité des transports nous donnait sur eux, quand la navigation de l'Elbe, du Rhin et des rivières intermédiaires, était gênée par une multitude de péages.

Nos manufactures du Languedoc fournissaient jadis tous les draps légers qui se consommaient dans le Levant ; mais un funeste système de liberté ayant donné aux fabricans la facilité d'altérer la qualité de ces draps, nous avions perdu ce débouché plusieurs années avant la révolution, et nos ennemis s'en étaient emparés.

La supériorité des laines anglaises, les avances que les *countri bankers* font aux manufacturiers, et qui leur donnent les moyens de s'approvisionner dans les momens favorables, d'attendre patiemment l'instant de la vente, de faire de longs crédits; le défaut de surveillance dont les fabricans du Languedoc avaient abusé pour altérer les qualités; voilà les causes qui ont permis à l'Angleterre de s'emparer du commerce des draps de seconde et de troisième qualités : ces trois causes se réduisent en dernière analyse à une seule, notre négligence, le peu de soin que nous avons mis à profiter des avantages que la nature nous accorde, ou que nous pouvions nous donner.

Tous les Anglais, et à leur tête Arthur Young, reconnaissent que le territoire et le climat de la France sont plus favorables que ceux de la Grande-Bretatagne pour l'éducation et l'entretien des moutons; que pour doubler le nombre de nos troupeaux, améliorer les races et perfectionner les laines (1), il nous suffirait de cultiver,

(1) Le défaut de nourriture est la seule cause qui détériore les races, et empêche de multiplier les moutons; si cet obstacle cessait, les agriculteurs s'empresseraient bientôt d'avoir de plus belles espèces et d'augmenter les troupeaux.

dans les terreins que nous laissons en jachère, des herbes et des racines, pour fournir à nos moutons une nourriture plus abondante en été, et des fourrages frais pendant l'hiver. Cet aveu des Anglais, qui trouvent si pénible de louer la France, qu'on ne doit jamais craindre qu'ils la flattent; cet aveu qui s'accorde d'ailleurs avec l'opinion de tous nos cultivateurs, nous prouve que la culture des jachères en prairies artificielles, ce changement que l'intérêt de l'agriculture commande impérieusement, et ne permet pas de différer, est encore le moyen le plus puissant de perfectionner nos manufactures de draps, de multiplier considérablement leurs produits, en leur fournissant des laines meilleures et à plus bas prix, et de reprendre sur nos ennemis cette grande source de richesse que la nature nous avait destinée.

Les étoffes légères forment l'article le plus important dans le commerce d'industrie (1), et c'est

(1) Les femmes dans les villes ne portent en toute saison que des étoffes de soie, de linon, de coton; ces étoffes forment en été une grande partie de l'habillement des hommes. La consommation des toiles pour habillement des deux sexes, et pour les lingeries, monte seule, à des sommes énormes, et qui surpassent de beaucoup la valeur de toutes les étoffes de laine.

en même temps le genre où la nature donne le plus d'avantages aux Français ; nous y avions, il y a quelques années, une prépondérance absolue. Nous fabriquions, en étoffes de soie et de lin, depuis le petit taffetas qui sert de doublure, jusqu'aux superbes tableaux que l'extrême réduction du point permettait aux Lyonnais de tisser à la navette ; depuis la toile grossière qui couvre un mendiant, jusqu'à la superbe dentelle qui sert de parure un jour de couronnement. Nous n'avions dans les marchés étrangers, aucuns rivaux pour les soieries ; nous n'avions à craindre en fait de toiles, depuis l'acquisition de la Belgique, que la concurrence de celles de Silésie, et quelque surveillance sur les fabriques de la Bretagne et du Maine, quelques encouragemens suffiraient pour nous rendre les grands débouchés qu'elles nous ont enlevés.

Nos manufactures de linon et de gaze qui n'employaient pas pour 300,000 liv. de matières étrangères, qui fabriquaient pour dix-huit à vingt millions de marchandises, qui en vendaient à l'étranger pour dix à douze millions, qui entretenaient déjà cent mille ouvriers, parmi lesquels on comptait soixante-dix mille femmes, et qui étaient encore dans l'état progressif le plus rapide : ces manufactures, dont M. Dauchi a si bien fait sentir l'importance, avaient la supériorité dans tous les marchés ; elles expédiaient pour l'Amérique Espagnole, pour l'Allemagne, pour le Nord, pour l'Angleterre elle-même (1).

La valeur des matières premières qui entraient dans les linons, les gazes et les riches étoffes de Lyon, n'était rien, en comparaison du prix de ces marchandises : toutes ces fabriques ne vendaient, pour ainsi dire, que du travail et des profits d'industrie, et en formant le principal article de nos exportations, en donnant des richesses énormes à la France, elles faisaient encore l'aisance et le bonheur du peuple, elles avaient cet avantage si précieux aux yeux de la politique qui calcule la population, et de l'humanité qui considère les moyens de subsistance pour la classe indigente ; les précieuses acquisitions du Piémont qui fournissait à Lyon les organsins, et de la Belgique si riche en lin de première qualité, présentaient de nouveaux moyens de multiplier ces avantages, et cependant nous les avons tous perdus.

La manufacture de Saint-Quentin est, pour ainsi dire, anéantie ; celle de Nîmes, qui faisait chaque jour des progrès étonnans, est absolument tombée ; celle de Lyon n'est plus que l'om-

(1) Voyez la statistique du département de l'Aisne, par M. Dauchi, page 50.

bre de ce qu'elle était jadis. Nos exportations en étoffes légères, ne méritent pas aujourd'hui d'être comptées.

Les Anglais s'efforçaient vainement de repousser nos linons, nos batistes, nos dentelles, ils pénétraient chez eux malgré leurs efforts ; et toute l'activité du Gouvernement français, excitée par la forte volonté du monarque, suffit à peine aujourd'hui pour repousser leurs étoffes de coton. Nous levions sur l'étranger un tribut énorme, nous lui achetons aujourd'hui pour cinquante millions de matières premières (1) qui ne nous fournissent aucun article d'exportation, aucun moyen d'acquitter ce tribut, et ce n'est ni à la révolution ni à la guerre que nous devons attribuer ces malheurs. L'adresse de nos rivaux, une erreur de nos ministres, un simple changement de mode, voilà la cause du désordre qui nous ôte plus de cent millions à recevoir, et nous donne plus de cinquante millions à payer.

Les Anglais à qui la nature refuse tout ce qu'elle nous offre, toutes les matières premières pour la fabrication des étoffes légères ; qui ne récoltent pas assez de lin pour leur consommation ordinaire de toile ; qui ne peuvent pas cultiver

---

(1) Je suis convaincu que la valeur des cotons importés s'élève aujourd'hui au double de cette somme.

la soie, et qui nous sont si inférieurs dans tous les ouvrages où le goût préside ; qui avaient encore le grand désavantage du haut prix des salaires, l'article de dépense le plus important dans ces deux genres où le travail des ouvriers ne peut pas être remplacé par celui des machines (1); les Anglais, dis-je, qui ne pouvaient pas lutter contre nous dans le commerce des étoffes de lin et de soie, apperçurent une ressource dans le coton : si ce n'était pas pour eux une denrée nationale, c'était du moins une denrée coloniale ; le Brésil le fournissait, et ils avaient en Portugal tous les avantages d'une métropole dans ses colonies : la supériorité de leur marine leur garantissait encore que l'importation de cette matière première ne serait jamais difficile pour eux.

Ces moyens de succès pouvaient être balancés dans les premiers momens par l'avantage que nous donnait le bas prix de la main d'œuvre ; mais aussi-tôt que l'invention des machines de filature eût levé cet obstacle, les Anglais convaincus de la supériorité qu'ils auraient sur toutes les nations de l'Europe, par la nature de leurs relations avec le

(1) Les machines ne peuvent pas servir pour la filature des lins, et leur utilité dans les fabriques de soieries, ne peut pas se comparer à leurs avantages pour celles de coton.

Portugal, par l'abondance des fonds d'avance, si importante pour des fabriques qui travaillent des matières étrangères, et par l'avantage d'avoir devancé toutes les autres nations dans l'invention des machines (1), employèrent tous leurs efforts pour perfectionner ce genre d'industrie.

Si la raison prescrivait aux Anglais d'adopter l'usage des étoffes de coton, et de chercher à l'étendre chez les autres peuples, elle commandoit au Gouvernement français de le proscrire, de prévoir que cette mode entraînerait la ruine de nos manufactures de soie et de linon; qu'en nous enlevant l'énorme produit de cette branche d'exportation, elle nous rendrait encore tributaire de l'Amérique pour les matières premières, et de l'Angleterre même, dont la fraude introduirait les belles mousselines, jusqu'au moment très-éloigné, où nos fabriques égaleraient les siennes.

Mais l'empire de la mode ne se borne pas à régler les habillemens, il s'étend encore très-souvent sur les opinions; et à cette époque, l'opinion à la mode était d'imiter tout ce que faisaient les Anglais (2). On n'examina pas si l'usage gé-

(1) L'inventeur conserve toujours son avantage, parce qu'il perfectionne, tandis que l'imitateur copie.

(2) La raison commande sans doute d'imiter chez les autres nations tout ce qui peut être utile; mais elle défend d'imiter sans réflexion, d'adopter ce qui peut nuire.

néral des étoffes de coton, fait pour être encouragé, protégé avec la plus grande force chez une nation subalternée par sa rivale dans les genres des soieries et des linons, ne devait pas être proscrit chez un peuple qui, dans ces deux genres si importans dominait sur toute l'Europe et la rendait tributaire de son industrie : on ne chercha pas à resserrer l'emploi du coton dans le cercle où il pouvait être utile (1), à le réduire aux seules étoffes que le lin et la soie ne pouvaient pas fournir, on souffrit que la nouvelle mode s'établît sans obstacle, on la favorisa même en accordant des encouragemens à ce genre de manufacture, et on commit la plus grande faute dont une administration puisse se rendre coupable, en donnant à nos ennemis un grand commerce, une source abondante de richesse qui nous appartenait exclusivement.

Cette grande erreur, cette faute inexcusable, que la faiblesse et l'irréflexion ont commise il y a vingt-cinq ans, peut être réparée par la sagesse et la fermeté du Gouvernement actuel ; mais ce n'est pas sur l'importation, c'est sur l'usage des étoffes de coton que les défenses doivent porter ; on ne peut rétablir les manufactures de Lyon,

---

(2) La bonneterie est pour ainsi dire le seul usage où le coton puisse être utile, sans devenir nuisible.

de Nîmes et de Saint-Quentin ; on ne peut nous délivrer du tribut que nous payons par l'achat du coton ; on ne peut nous rendre le riche commerce des étoffes légères ; on ne peut reprendre sur les Anglais la grande source de richesse qu'ils nous ont enlevée ; on ne peut détruire la principale branche de leur exportation ; on ne peut porter ce coup fatal à leur commerce, qu'en défendant successivement l'usage de toutes les fabrications en coton qui peuvent être remplacées par les fabrications en soie ou en fil de lin. Si l'on considère maintenant les avantages que nous avons dans les fabrications de linon et de soieries ; la puissance de notre exemple en fait de modes ; la force que peut y ajouter la prépondérance politique ; les grandes ressources commerciales que nous offre cette prépondérance, créée par le génie qui nous gouverne, et dont nous sommes loin encore de sentir toute l'utilité ; si on calcule enfin la force de ces moyens, on ne doutera pas du succès.

Les indemnités que la justice ordonnerait d'accorder, seraient loin d'exiger des sacrifices effrayans (1), et la défense de porter des étoffes

---

(1) Les bâtimens et les fonds pouvant servir à d'autres usages, le remboursement se réduirait à la partie des machines que la diminution du travail rendrait inutile.

de coton n'exciterait pas long-tems des murmures. Les loix somptuaires sont ridicules et funestes, quand elles nuisent à l'industrie; mais elles sont un bienfait du législateur et s'élèvent bientôt au-dessus des vaines critiques, quand leur effet évident est d'enrichir la nation en favorisant ses manufactures. Prohiber l'importation, ou prohiber l'usage sont des loix de la même nature (1).

J'ai dit qu'en France les mines ne pouvaient pas former un article séparé dans le compte du revenu général, parce qu'elles ne donnent aux concessionnaires aucun revenu de propriété; j'ai ajouté qu'elles ne leur donnaient même pas de profit commercial, qu'elles leur payaient tout au plus un faible intérêt de leurs avances. J'ai quelque droit d'émettre sur ce point mon opinion particulière, quand, intéressé dans plusieurs de ces entreprises, j'en ai rétabli deux qui étaient à la veille d'être abandonnées (2).

Je suis d'ailleurs persuadé que le conseil des mines ne balancerait pas à confirmer ce que j'ai dit; ce n'est point à la nature qu'il faut s'en prendre de cette absence de produit qui ne

---

(1) L'extrême renchérissement du coton et l'inconstance de la nation en fait de modes, favoriseraient encore la défense.

(2) Le conseil des mines le sait parfaitement.

tardera pas à conduire toutes les mines de la France à une destruction absolue, ce sont les vices qui existent dans leurs administrations; c'est l'ignorance, l'incapacité, l'improbité de ceux qui les administrent sur les lieux, ou les gouvernent de Paris, qu'il faut accuser de ce malheur.

L'école des mines forme d'excellens ingénieurs, mais le mérite distingué de ses élèves les plaçant presque tous fort au-dessus des emplois particuliers que les compagnies peuvent donner, elles sont forcées d'abandonner le plus souvent la direction de leurs travaux à des hommes dépourvus de connaissances, de talens et de probité (1).

Dans la plupart de ces entreprises, aucun des associés n'habite sur les mines, aucun d'eux ne connaît ce genre de travaux, et il en résulte que les directeurs ne sont pas surveillés, et peuvent tromper impunément les compagnies qui les employent.

Ce n'est pas seulement parmi les officiers et les employés des mines qu'on remarque les défauts et les vices qui rendent leurs administrations

(1) Je suis loin de confondre dans cette classe tous les directeurs des mines, c'est à l'ingénieur en chef du Poulaouen qu'on doit le salut et jusqu'à présent la conservation de cette grande exploitation.

ruineuses, ils se retrouvent également dans les assemblées d'actionnaires qui gouvernent de Paris. L'ignorance ou l'improbité d'un correspondant ou d'un associé qui usurpe une influence dominante, forment souvent une source d'abus, une cause de destruction aussi puissante que les vices d'un directeur.

Dans une province où il n'existait que cinq exploitations de mines, j'ai vu ces désordres en ruiner trois qui étaient encore en état de donner un million de produit annuel en métaux ou en charbon de terre, et les deux autres sont également conduites dans ce moment à une ruine prochaine, par la manière dont elles sont admitrées ; ce qui s'est fait dans cette province, se répétant dans les autres, et par les mêmes causes, la France, avant 20 ans, sera privée du revenu de ses mines, si les abus qui les détruisent ne sont pas réformés : je ne crains pas d'avancer ces assertions, que je serais en état de prouver par des faits.

Les remèdes sont faciles ; l'ordre renaîtrait, si une loi forçait les compagnies à former des élèves et à les entretenir pendant quelques années à l'école des Mines.

Si elle exigeait que les officiers fussent toujours contenus par la surveillance d'un associé qui habiterait sur les mines, si elle obligeait les assemblées administratives à rendre des comptes suffisamment détaillés aux actionnaires absens, et si on donnait enfin au conseil des mines le droit de faire inspecter par ses ingénieurs l'administration comme les travaux, d'avertir les compagnies des désordres qu'il reconnaîtrait ou soupçonnerait, et de forcer les assemblées à communiquer ses avis aux actionnaires absens.

Le Gouvernement est fortement intéressé au succès de ces entreprises, et l'établissement du conseil des mines prouve qu'il en est convaincu. Si l'usufruit appartient aux concessionnaires, c'est l'Etat qui est propriétaire, et quand les compagnies dégoûtées de fournir des fonds sans avoir de produit, abandonnent, leur exemple présentant ce genre d'entreprises comme ruineux, aucun capitaliste ne veut y placer ses fonds; la propriété de l'état s'éteint, comme l'usufruit des concessionnaires, et je ne crains pas d'assurer que ce malheur ne peut être prévenu que par la loi que je propose.

La considération dont jouit le conseil des mines, les talens distingués des membres qui le composent, et leurs caractères faits pour inspirer la plus grande confiance aux compagnies, garantiraient encore le succès de ce moyen; mais on ne réussirait jamais à conserver ces grands établissemens et à les multiplier, si on voulait séparer l'intérêt public de celui des intéressés, et si on ne regardait pas la prospérité des compagnies comme le seul garant qui puisse assurer le maintien des exploitations.

La France présente sans doute plusieurs genres de culture et d'industrie dont je n'ai point parlé, et qui donnent cependant des produits assez importans pour mériter l'attention du Gouvernement; mais je suis convaincu que le progrès des principales branches de revenu, et la grande masse de richesses que leur accroissement répandrait dans l'état, donneraient à ces branches secondaires tout l'encouragement dont elles ont besoin.

Si l'alternage substitué aux jachères rendait à la culture quinze millions d'arpens; si le prodigieux approvisionnement de fourrages qu'ils fourniraient, permettait de multiplier les troupeaux de bœufs et de moutons, toutes les fabriques qui préparent le cuir, ou qui l'emploient, se trouveraient encouragées par le bas prix des cuirs verds, et celles de draps seraient en même temps favorisées par la diminution de prix et la meilleure qualité des laines.

Si nos manufactures de Lyon, de Nîmes et de Saint-Quentin étaient rétablies dans leur ancien état de prospérité, la grande masse de marchandises qu'elles fourniraient à l'exportation, animerait le commerce, en multipliant ses profits, tandis que si le Gouvernement voulait disséminer ses pensées et ses secours sur toutes les différentes parties qui sont susceptibles d'amélioration, son action, trop faible par-tout, ne produirait sur aucun point les utiles effets qu'elle doit avoir.

Il existe cependant des moyens généraux d'encouragement qu'il est indispensable d'employer. L'absence de tous droits sur la circulation, et de tous droits de sortie sur les marchandises nationales, coloniales ou étrangères; la défense d'exporter aucune des matières premières qu'emploient nos manufactures, des droits d'entrée calculés à des taux différens, suivant l'intérêt, de favoriser la production, d'assurer le perfectionnement, ou d'obliger le fabricant à baisser les prix, la surveillance sur les fabrications, l'abandon de ces faux systèmes de liberté commerciale enfantés par l'esprit de désorganisation et favorisés par l'ignorance des vrais intérêts du commerce, tous ces genres d'encouragement doivent sans doute être employés; mais les créations de banques, sont le moyen le plus puissant et le plus sûr de fortifier à-la-fois toutes les sources de richesse.

C'est en employant ce moyen si simple, mais si puissant, que les Anglais ont perfectionné leur agriculture et leurs fabriques, et se sont mis en état d'exporter annuellement pour 800 millions de marchandises nationales ; ils en conviennent tous, et nous pouvons facilement nous en convaincre nous-mêmes ; il circule chez cette nation pour plus de 900 millions de billets de banque ; supposons un instant qu'ils se réduisent à 100 millions, et nous verrons son commerce détruit par la perte de 800 millions de numéraire, son gouvernement sans ressources pour payer les arrérages de sa dette ; nous verrons l'Angleterre perdant toutes ses forces au moment où elle perdrait ses banques.

Reportons nos regards sur la France, remontons à l'époque où elle avait en circulation pour plus de deux millards de numéraire métallique, et par le grand effet de la caisse d'escompte sur le commerce de Paris, sur le crédit public, sur les opérations du gouvernement dont elle fut le dernier appui, nous pourrons calculer celui que produiraient aujourd'hui des établissemens de banque élevés, comme ceux de l'Angleterre, au niveau des besoins, et multipliés autant qu'ils doivent l'être, pour porter les secours par-tout où ils sont nécessaires, pour rendre enfin à la France les services inappréciables qu'ils rendent à l'Angleterre.

Des diminutions sur l'escompte ne sont pas,

comme on le croyait, quand la caisse d'escompte fut établie, le premier besoin du négociant, ce sont des fonds d'avance, ce sont des moyens d'opérer qu'il demande. Nous avons vu que le taux des profits commerciaux s'élevait en Angleterre à 15 pour 100 par an, restons, comme je l'ai fait, fort au-dessous de la réalité, n'estimons ces profits pour la France qu'à 20 pour 100; supposons ensuite qu'une banque fournisse à une maison de commerce 100,000 liv. de secours; si l'escompte est à 4 pour 100, cette maison aura 16,000 liv. de profit net; s'il est à 6, elle s'en consolera facilement avec 14,000 liv. de gain qui lui resteront; mais si on lui refuse ce secours, sa spéculation est manquée, et elle perd 14,000 l. qui ne lui auraient coûté que des écritures.

Si on me répondait qu'un autre négociant ferait ce bénéfice, j'en conviendrais pour une seule opération, j'en conviendrais peut-être pour le moment actuel; mais après la signature de la paix, où seraient les moyens des particuliers quand il s'agirait de toutes les transactions commerciales qu'elle produirait; ce ne seraient plus les autres négocians, ce seraient les autres nations, ce seraient peut-être les nations et les banques ennemies qui suppléeraient à l'impuissance du commerce français, ce serait l'étranger qui ferait ce qu'il faisait avant Colbert, qui approvisionnerait nos ports, qui conduirait ses marchandises, nos propres marchandises jusques dans la boutique du revendeur; qui nous enlèverait tous les profits commerciaux et nous réduirait aux droits de commission, ou qui répéterait, du moins ce que les Hollandais et les Anglais faisaient encore en 1788, à l'époque de notre plus grande richesse en numéraire; en fournissant au commerce français les fonds que nous ne saurions pas lui créer, et en les fournissant à un taux d'escompte exagéré, d'un côté par la défiance et de l'autre par le besoin.

Ce n'est pas, comme on le suppose trop souvent, pour le commerce seul qu'il faut établir des banques, elles ne sont pas moins nécessaires aux progrès de l'agriculture; et si on en veut la preuve, je la trouverai dans l'ouvrage qui m'a le plus servi à former le tableau du revenu général des Anglais. M. Beeke assure que la somme de papier de banque qui était dans les mains des fermiers anglais s'élevait communément de 200 à 250 millions, et ce seul fait suffit pour expliquer la véritable cause des progrès de l'agriculture chez cette nation.

Une portion considérable du numéraire, qui existait en France il y a 20 ans, est aujourd'hui disseminé, et pour ainsi dire, enterré dans les campagnes où il devient inutile au commerce, et le papier est le seul moyen de le remettre en circulation. (1)

Mais pour produire cet effet, ce ne sont pas de grandes banques qu'il faut former, ce sont des caisses établies dans les petites villes, par des particuliers qui, avec un capital de 100,000 l., repandraient, comme ils le font en Angleterre, pour 6 à 700,000 l. de billets, ces établissemens secondaires sont les seuls qui puissent entrer dans les détails nécessaires pour opérer avec les propriétaires et les fermiers.

Tous les efforts du gouvernement, pour perfectionner l'agriculture, pour encourager l'industrie, pour animer le commerce, deviendraient inutiles, si l'activité des préfets et des sous-préfets ne les secondait pas ; c'est par leurs liaisons avec les propriétaires qu'ils peuvent influer sur les cultivateurs ; c'est dans la société des négocians qu'ils peuvent s'instruire des besoins du commerce ; c'est en parcourant leur département qu'ils peuvent connaître les moyens d'en augmenter la richesse.

---

(1) Le numéraire dans la bourse d'un cultivateur ne produit que son effet naturel ; mais dans la caisse d'un négociant, il quadruple cet effet par les lettres-de-change, dont il soutient le cours.

La nature de cet ouvrage ne me permettant pas d'entrer dans tous les détails qu'exigerait un plan d'encouragement pour l'agriculture et le commerce, je me suis contenté d'en tracer les grandes lignes, et de chercher à fixer les regards sur les points les plus importans; je vais suivre la même règle en présentant un plan d'imposition.

CHAPITRE V.

Plan d'Imposition.

Avant de parler d'impositions, il est toujours nécesssaire de rappeler quelques idées qui, pour le bonheur des peuples, la tranquillité des Etats, et la facilité des operations politiques, devraient être gravées dans tous les esprits. Les contributions ne sont pas le besoin des Rois, mais le besoin des peuples; cette assertion est sans doute très-opposée à l'opinion générale, et cependant il n'y en a point qui soit plus facile à démontrer.

Tous les moyens de défense contre les nations étrangères, tous les moyens de conservation pour les colonies, de protection pour le commerce maritime, tous les moyens d'ordre public, de repression pour les vices, toutes les bases sur lesquelles sont fondées les sociétés civilisées, né peuvent se maintenir que par les contributions : abolissez celles qui fournissent aux dépenses militaires, et à l'instant tous vos navires sont enlevés par les autres peuples, tous vos ports sont bloqués, votre commerce est anéanti, vos provinces sont envahies, ravagées, conquises par vos ennemis, et il vous en coûte cent fois plus pour recevoir le joug que vous n'eussiez sacrifié pour l'imposer. Détruisez les impôts, dont le produit acquitte les frais de la police et des tribunaux, laissez ces établissemens s'anéantir dans Paris, et sous huit jours la moitié de la population sera massacrée par l'autre, et sous peu de tems la population entière sera détruite ou dispersée, et je ne m'arrêterai pas à démontrer ces vérités, ce seroit insulter à la raison de ceux qui liront mon ouvrage.

Mais l'excès des impôts, il nuit sans doute au bonheur des peuples; mais les effets de leur insuffisance, sont bien plus funestes encore, et je n'aurai besoin que d'un seul exemple pour le prouver.

A l'époque de la guerre pour l'indépendance de l'Amérique, un ministre qui veut conserver sa place, qui veut s'y faire soutenir par l'opinion publique, entreprend de fournir aux dépenses sans nouveaux impôts : il ne vous présente que des emprunts qu'il rend usuraires, pour les rendre faciles : vous y placez vos fonds à des intérêts excessifs : le ministre est un dieu pour vous; mais un déficit de plus de 120 millions est le résultat de cette administration si vantée; ce déficit vous a conduit à tous les malheurs qu'enfantent les révolutions, et je demande quel est l'excès d'impôt qu'on pourrait comparer à ces malheurs. Croyez donc, je le répète, que ce n'est pas pour l'intérêt des rois, mais pour l'intérêt des contribuables eux-mêmes, que les impôts sont plus nécessaires, et si vous y réfléchissez avec attention vous plaindrez les princes d'être obligés de les exiger.

Si les peuples ne doivent jamais perdre de vue le grand intérêt qu'ils ont de fournir au gouvernement des contributions suffisantes, il existe aussi quelques principes que les administrateurs des finances ne doivent pas oublier.

L'établissement des contributions est toujours le plus pénible, et quelquefois le plus dangereux usage du pouvoir souverain. Il n'y en a point dont l'abus détruise plus rapidement la première base des trônes et du bonheur des princes, l'obéissance de respect, l'obéissance volontaire.

La contribution est rarement exagérée; mais elle le paroît et en produit les funestes effets toutes les fois que la répartition est vicieuse. Un exemple va le prouver.

Quand M. de Calonne annonça un déficit de 120 millions, le revenu national était déjà de plus de 8 milliards, la contribution payée directement à l'état ne montait qu'à 460 millions, en ajoutant, comme on l'aurait dû, à cette première contribution, celle qui était levée sur les propriétaires pour les frais du culte et qui montait à plus de 150 millions; la totalité de l'imposition ne s'élevant encore qu'à 610 millions, et ne formant par conséquent que 8 pour 100 du revenu de la nation, un dixième de ce revenu eût suffi pour fournir à tous les besoins de l'état et couvrir le déficit. Ce dixième imposé avec quelque égalité n'aurait excité nulle plainte ; et cependant aucun ministre ne proposa, ne découvrit de moyen raisonnable pour donner à l'état l'accroissement de recette dont il avait besoin.

Cette énigme ne peut s'expliquer que par la mauvaise répartition des impôts. Les propriétaires exempts de la taille payaient plus de 18 pour 100 de leur revenu, savoir : par la dixme 10 pour 100 (1), par les deux vingtièmes 4 pour 100, par la capitation 2 pour 100, par les impositions indirectes 3 pour 100.

Les simples ouvriers des villes et des campagnes soumis à la taille ou à la capitation et à des droits excessifs sur leurs principales consommations, le sel, le tabac et les boissons payaient au moins

(1) La dixme ne portait pas sur tous les genres de culture, et son taux moyen n'était que la vingtième gerbe ; mais comme elle se levait sur le produit brut de la terre dont le revenu du propriétaire ne forme que le tiers, on ne peut pas l'évaluer au-dessous d'un dixième de ce revenu.

18 pour 100 de ce qu'ils gagnaient par leur travail (1).

Le taux de la contribution était de 20 à 25 pour 100 pour la nombreuse classe des petits propriétaires soumis aux mêmes impositions que les ouvriers, et qui payaient en outre sur leurs propriétés la dixme et les vingtièmes.

On ne levait pas à la même époque plus de 5 pour 100 (2), sur les classes riches ou aisées des villes qui, dans ce tems où le commerce était très-florissant et la dette publique très-considérable, réunissaient au moins la moitié du revenu de la nation; il eût été aussi déraisonnable qu'injuste de vouloir encore surcharger des classes qui payaient déjà deux fois plus qu'elles ne devaient; et on ne savait pas imposer celles qui ne payaient pas.

Un changement de répartition était le moyen que la justice et la raison commandaient d'adopter; mais il eût entraîné des délais et le besoin était urgent : les ministres, d'ailleurs, n'étaient assez instruits, ni pour connaître les moyens d'opérer

(1) Dans les pays de grande gabelle, cette classe payait, comme on va le voir, par les seuls droits sur le sel, 20 pour 100 de ses moyens de subsistance.

(2) Dans la plupart des villes, un particulier qui gagnait plus de 6000 l. par an, ne payait pas 50 l. de capitation, et je suis en état de le prouver.

ce changement, ni peut-être même pour en appercevoir la justice et les effets. Le déficit ne fut pas co vert, on sait les effets qu'il a produit et je n'ai pas sans doute besoin d'autre preuve pour démontrer les inconvéniens et les dangers que produit une mauvaise répartition.

Je sais que ces dangers n'auraient pas existé sous un gouvernement plus ferme ; mais la force de caractère n'est pas ûn don que la nature accorde à tous les Princes, et si cette force suffit pour faire disparaître les dangers, elle ne peut pas du moins prévenir les inconvéniens d'une contribution mal imposée : la difficulté de l'augmenter et les justes murmures qu'elle excite.

Dans un royaume aussi grand, aussi riche que la France l'était en 1788, les accroissemens de recette que les circonstances exigent, ne coûtent au Prince que l'affaiblissement qu'ils produisent dans l'attachement de ses sujets, que la somme de mécontentement qu'ils inspirent ; mais si les administrateurs, ne sachant pas répartir, surchargent à l'excès des classes de contribuables, si, ne sachant pas imposer, ils croyent remplir leur devoir en usurpant quelques millions, par des injustices, ils vendent au gouvernement le cuivre au prix de l'or et l'expérience de 1788 le démontre (1).

(1) L'excès des droits sur le sel, le tabac et les boissons

L'inégalité d'imposition est souvent beaucoup plus forte qu'on ne le croiroit : je puis attester qu'en 1788, la proportion des deux vingtièmes au revenu, dans une partie considérable de la Bretagne, étoit au quatorzième, et ne s'élevoit qu'au quatre-vingt-dixième dans quelques cantons d'une autre province.

La gabelle forcée faisoit payer à une famille de simples ouvriers 5 pour 100 de ses moyens de subsistance, et ne coûtoit qu'environ deux pour mille à un particulier de 30,000 livres de rente (1).

Les droits sur les denrées et les taxes, servent à rendre la répartition plus égale, quand on a soin de les asseoir sur les consommations, ou les dépenses des classes qui ne paient pas assez par les impositions directes ; mais ils produisent l'effet contraire, si on les porte à un taux excessif, et si on ne les impose que sur les denrées qui forment

---

inspirait un si grand mécontentement ; que leur abolition suffit aux agitateurs pour gagner tous les habitans des campagnes.

(1) Dans les pays de gabelle forcée la consommation de sel était calculée à 9 livres par tête, le droit était de 10 s. par livre ; une famille d'ouvriers, composée de cinq personnes, consommait donc 45 livres de sel, payait 22 l. 10 s., et ne gagnait pas, à cette époque, 400 l. par an. Un particulier de 30,000 l. de rente, qui avait dix domestiques, ne consommait que 135 livres de sel, et ne payait pour les droits que 67 l. 10 s.

les principaux objets de consommation d'une classe particulière.

Ils auroient le même inconvénient, si on les dirigeoit sur un genre de contribuables qui payoient déjà plus qu'ils ne devoient pour la contribution foncière ou mobiliaire.

Les taxes telles que le timbre, le contrôle, l'enregistrement, ont l'avantage de pouvoir être dirigées pour atteindre ou les propriétaires de terres, ou les propriétaires de capitaux: il est donc bien important de considérer, quand on les établit, quelle est la classe qui paie déjà plus qu'elle ne doit, et qu'il ne faut pas surcharger encore.

Les frais de recouvrement deviennent excessifs, et enlèvent à l'Etat une grande partie du produit des impôts, quand on ne porte pas dans les établissemens de perception l'économie dont ils sont susceptibles. Ces frais, chez les Anglais, montoient en 1788,

Pour les douanes . . . à 10 pour 100
Pour les accises . . . . à 5 $\frac{1}{2}$ (1)

Ils étoient réduits en 1799,

Pour les douanes. . . à 5 $\frac{1}{2}$ pour 100
Pour les accises. . . . à 3 $\frac{3}{4}$ (2)

---

(1) *Histori of the public revenue by John Sinclair*, 3e. partie, page 162.

(2) *A brief examination by Georges Rose*, anno 1773.

Cet exemple prouve qu'il est toujours possible, et souvent très-facile de diminuer considérablement cette dépense, et d'augmenter par cette économie le revenu public, sans surcharger les sujets (1).

Les Anglais, pour diminuer le besoin de surveillance et les frais qu'il entraîne, en diminuant l'intérêt et la facilité de frauder, ont divisé les grands droits sur le thé, le vin et le tabac, en un droit de douane, et un droit d'accise : le contrebandier obligé à deux fraudes, et ne gagnant pour chacune qu'une somme très-modique, s'est bientôt dégoûté, et ce moyen a produit une grande réduction sur les frais.

On peut ajouter à la diminution dans la dépense de perception, une économie d'un autre genre qui ne seroit peut-être pas moins importante.

Il n'y a point de gouvernement qui ne fasse usage du crédit public, mais les administrations se trompent quelquefois sur le choix du genre de crédit qu'elles emploient ; il y en a deux, celui qui donne des avances en argent et celui qui les fournit en marchandises ou en travail ; tous deux entraînent nécessairement des intérêts :

(1) On peut aisément se procurer les réglemens qui établissent les moyens de perception pour les douanes et les accises, ils sont imprimés et accompagnés d'exemples qui les éclaircissent encore.

mais le taux de ces intérêts est modéré ou excessif suivant le genre de crédit qu'on emploie.

Si les administrateurs savent se procurer des avances en deniers, le calcul du capitaliste pour fixer le prix du crédit qu'il accorde, n'aura pour base que l'intérêt de l'argent dans les placemens ordinaires, qui ne varie en général que de cinq à sept pour cent, mais si le ministre demande des avances en marchandises ou en travail, des avances commerciales, le fournisseur et l'entrepreneur règleront toujours leurs calculs sur le taux du profit des fonds dans le commerce qui est de quinze, vingt ou vingt-cinq pour cent, et cette erreur dans le choix du genre de crédit, entraînera un grand accroissement de dépense pour le trésor public, ce n'est même pas le seul désavantage qu'elle produira.

Quand les fonds manquent pour les paiemens qu'exige le crédit en argent, il est ordinairement facile d'y pourvoir par une extension de ce même crédit; mais s'il s'agit des avances en marchandises ou en travaux, le seul moyen est de retarder la délivrance des ordonnances de paiement, et dans les momens même où les fonds seraient suffisans; les agens principaux ou subalternes prétextent quelquefois cette pénurie pour faire acheter fort chèrement ce qu'ils devraient donner. Les fournisseurs qui prévoient ces manques de fonds, vrais, ou simulés, les retards qu'ils leur occasionneront et les dangers qu'ils leur feront courir, ont soin de s'en dédommager d'avance par un accroissement sur le prix de leurs fournitures, et se font payer de cette manière par le Gouvernement toutes les pertes qu'ils essuyeront, toutes celles-même qu'ils peuvent craindre, et il en résulte souvent qu'un Gouvernement, dont les effets se négocient à quatre pour cent par an, paie de vingt à trente pour cent pour le crédit en marchandises ou en travail.

Les Anglais évitaient cet inconvénient par l'usage des billets de l'échiquier, de la marine, etc. ils ont encore perfectionné ce moyen, en substituant à une partie de ces billets des lettres-de-change de la trésorerie à quatre-vingt-dix jours de date, et ils conviennent que cette mesure leur a procuré une épargne de onze et demi à seize trois quarts pour cent sur les dépenses de leur marine (1). Il n'y a peut-être pas un seul gouvernement à qui on ne puisse ménager des économies du même genre, et on n'exagérerait sûrement pas, en disant que, sur une dépense de trois à quatre cents millions en fournitures ou en travaux, elles épargneraient chaque année au trésor public trente à quarante millions.

( ) Voyez *A brief examination by Georges Rose*, anno 1779, 7e. édition, page 54.

Il est souvent facile de procurer à l'Etat des augmentations de revenu assez importantes par des établissemens utiles ou économiques pour les particuliers qui, en payant l'impôt, applaudissent encore à la sagesse du ministre. Je citerai pour exemple, la poste aux lettres, l'insinuation et le contrôle, établis par François Ier. et Henri III, les bureaux d'hypothèque, les ponts construits par des compagnies, en raison d'un péage à terme; la fixation du nombre des fiacres à Londres, qui permet de lever sur chacune de ces voitures 600 fr. par an, sans augmenter le prix des courses (1); et la taxe des convois qui fut accueillie par les Anglais comme un bienfait du Gouvernement, et qui donna cependant, dès la première année, trente millions de rente à l'Etat (2).

Un particulier est, sans doute, fort loin d'appercevoir, du fond de son cabinet, tous les établissemens de ce genre qu'on pourrait former; mais il y en a de trop frappans pour qu'on ne les remarque pas; et après une longue période de négligence, suivie d'une époque de désordre, je

(1) Le prix des courses n'est pas plus cher qu'à Paris; les voitures et les chevaux sont meilleurs et les propriétaires gagnent davantage.

(2) Voyez *A brief examination anno* 1799, page 40.

crois qu'il y aurait de la modération à ne les estimer qu'à vingt ou trente millions de rente.

Il est impossible de calculer d'avance les sommes disponibles que procureraient les trois genres d'accroissement de revenu ou de réduction de dépense dont je viens de parler ; mais on ne peut pas douter qu'ils ne fournissent de grands moyens pour des améliorations et des établissemens de bienfaisance.

Je viens de présenter des observations générales sur les finances , je vais parler maintenant de la répartition des impôts et des moyens d'en corriger les erreurs.

Le revenu de la Grande - Bretagne ne s'élève qu'à 4 milliards 880 millions. L'ensemble des impositions, en y comprenant la dixme et la taxe des pauvres , monte à plus de 1 milliard 100 millions : le taux de la contribution générale est par conséquent de plus de 24 pour 100.

Le revenu de la France s'élève à 10 milliards ,et en calculant le produit des impôts à 1 millard (1), le gouveruement ne leverait encore qu'un dixième de ce revenu.

Si le résultat des impositions actuelles semble

---

(1) Un milliard réuni au produit des forêts et des recettes *extérieures* ou accidentelles surpasserait vraisemblablement la somme que le trésor public a reçue en 1787.

contredire celui que je présente, cette différence ne provient que des erreurs qu'on a commises dans la répartition de la contribution foncière entre les départemens, et de la généralité des impôts entre les différens genres de revenu.

La contribution foncière, en y joignant tous les centimes additionnels, ne produisant que de 360 à 370 millions, ne forme encore que 12 pour 100 du revenu des terres et des maisons; et si je me permettais, dans ce genre, des citations particulières, je n'aurais pas de peine à fournir l'exemple d'un département où elle ne s'élève même pas à 10 pour 100; il est cependant certain que dans plusieurs autres parties de l'Empire les propriétaires paient jusqu'à 25 pour 100 de leur revenu réel.

Cette grande inégalité de répartition n'est pas l'ouvrage du gouvernement actuel, son origine remonte à d'anciennes erreurs. J'ai déjà dit, qu'en 1788, la proportion entre l'impôt des vingtièmes et le revenu des contribuables variait depuis le 14.e jusqu'au 90e.

Le taux de la dixme variait également; elle ne se levait qu'à la trente-sixième gerbe dans les terres de ma famille, et se percevait à la dixième dans celles que je possédais (1).

(1) Je cite cet exemple, parce que je n'en connais pas de plus fort.

En établissant la contribution foncière pendant la révolution, on a pris les anciennes bases et continué les mêmes erreurs, on en a commis de nouvelles ; l'accroissement de cet impôt, fondé sur l'abolition de la dixme, fut à-peu-près le même par-tout, et cependant cette dixme abolie variait, comme on vient de le voir, du dixième au trente-sixième.

Je croirai donc servir à la fois la nation et le gouvernement, si je représente à l'administration que la somme des impositions est sans doute modérée ; mais que d'anciennes erreurs dans la répartition la rendent excessive, accablante pour des classes nombreuses de contribuables, et si je dis aux français, à leurs alliés et sur-tout à leurs ennemis : malgré les dépenses de la guerre et les grandes armées que l'Empereur entretient, il ne lève encore aujourd'hui qu'un dixième du revenu de la France, tandis que le gouvernement Anglais est réduit, par l'accumulation de ses dettes, à lever désormais en tems de paix comme en tems de guerre, 24 pour 100 du revenu de la Grande-Bretagne.

La grande et dispendieuse entreprise du cadastre prouve que le gouvernement a reconnu depuis long-tems la nécessité de corriger les erreurs de répartition, et je ne ferai que seconder ses intentions bienfaisantes, en présentant des moyens plus faciles et plus sûrs d'accomplir ce grand acte de justice.

Les évaluations des revenus ne pouvant inspirer de confiance que quand elles ont été soumises à plusieurs contrôles différens, l'achèvement du cadastre ne donneroit, avec quelque exactitude, que l'étendue des terres productives ; cette étendue est déjà suffisamment connue pour les départemens ; on peut, sans beaucoup de peine, achever de la connoître (1) pour les communes ; on sait d'ailleurs qu'il ne s'agit pas d'empêcher qu'un contribuable soit imposé à 11 liv. quand il ne doit que 10 liv. ; mais de corriger le grand abus qui lui fait payer 25 livres. On peut donc s'occuper à réformer la repartition, sans attendre que le cadastre soit fini, et je crois avoir bien démontré que cette réforme était urgente.

J'ai présenté dans mon dernier ouvrage sur les finances (2), les moyens de rétablir l'égalité de contribution entre les propriétaires ; je ne ré-

---

(1) Voyez dans l'ouvrage de M. Beeke le moyen dont il s'est servi pour calculer plus exactement le nombre d'acres que l'Angleterre contient.

(2) Voyez les observations sur les finances par M. de Guer, page 206.

péterai pas ce que j'ai proposé à cette époque, je me contenterai d'en rappeller les principales idées.

Exiger des déclarations où l'étendue et le revenu des terres soient spécifiés pour chaque genre de culture, exiger encore que pour les terres affermées, ces déclarations soient présentées dans le bail qui seroit passé pardevant notaires, mais affranchi de toute espèce de droits; établir trois contrôles successifs, le premier par des vérificateurs que des communes éliroient, le second par de nouveaux vérificateurs également élus, le troisième enfin par des directeurs que l'administration nommeroit: regarder, comme des méprises, les erreurs qui ne s'éleveroient pas à un dixième; accorder un délai au propriétaire et au fermier pour corriger leurs déclarations; mais punir, par de fortes amendes, ceux qui s'entêteroient à vouloir tromper; soumettre à la même punition le vérificateur qui toléreroit les fausses déclarations, abandonner le produit de toutes les amendes au vérificateur ou au directeur qui découvriroit les fraudes; faire décider par un arpentage les contestations sur l'étendue; faire juger celles qui porteroient sur la valeur par des arbitres départis, s'il y avait lieu, par un non-propriétaire que le conseil de préfecture nommeroit. Voilà l'extrait de ce plan.

Il est fondé sur le principe qu'on réussit toujours à découvrir les fausses déclarations, quand on les soumet à plusieurs contrôles successifs, et qu'on force tous les hommes à être exacts et justes, quand on leur montre à la fois l'attrait d'une grande récompense qu'ils sont sûrs de recevoir, et le danger d'une grande peine qu'il leur seroit très-difficile d'éviter.

La perspective de gain par la fraude ne serait pas, pour le déclarant lui-même, proportionnée à la perspective de perte par l'amende, et il se mettroit dans la dépendance de son fermier, s'il diminuoit le prix du fermage dans le bail qui forme son seul titre.

Les vérificateurs ne pourraient consentir à tolérer les fausses déclarations qu'en renonçant à un grand profit, et en s'exposant à une ruine presque certaine.

Les contrats de vente, les baux passés avant la loi, quelques déclarations exactes qu'on obtient toujours, et la connaissance du produit brut qu'on se procure facilement, et qui conduit à celle du revenu; tous ces moyens d'instruction fourniroient aux directeurs assez de connaissances sur la valeur des terres pour découvrir une grande partie des fraudes, avant même de se transporter sur les lieux.

L'administration ayant déjà des données à-peu-près exactes sur le nombre d'hectares que contiennent les terres productives de chaque commune, n'ayant besoin que de les rectifier encore, et de s'assurer du revenu commun de l'hectare, pouvant même se contenter de connaissances approximatives, on parviendrait sans peine à imposer avec une grande égalité les divers départemens de l'Empire, et les communes de chaque département, si on adoptait les moyens que je propose, et qui suffiraient même pour rétablir l'égalité de répartition entre les particuliers.

Le travail serait encore plus facile dans les parties de la France où la terre est louée en métairies, il s'y réduiroit à s'assurer de l'étendue des terres cultivées, le produit commun d'un hectare et la part que le propriétaire s'en réserve, étant toujours connus.

Trois ans de délai et cinq millions de dépense dans le cours de ces trois ans (1), voilà tout ce qu'exigerait ce grand ouvrage, et dès la première année les principales erreurs seraient corrigées.

Il ne suffirait pas d'imposer la contribution

---

(1) Quatre vérificateurs par commune n'auraient chacun qu'environ quarante déclarations à contrôler, et ce facile travail n'exigeant pas qu'ils négligeassent leurs affaires, il n'y aurait à payer que les appointemens des directeurs.

foncière dans une juste proportion sur les départemens et les communes, il est plus important encore de bien répartir la généralité des impôts sur les différentes sources de richesse.

Le revenu des terres et des maisons qui ne monte qu'à 5 milliards 250 millions, paye les trois quarts des contributions directes, le reste des revenus s'élève à 6 milliards 750 millions, forme les deux tiers de la richesse nationale, et n'acquitte cependant que le quart de ces impositions.

Une forte partie des droits d'enregistrement ne porte que sur les propriétés. La nature des autres impositions indirectes y soumet les possesseurs de terres ou de maisons comme le reste de la nation, et il en résulte que les propriétaires sont imposés par-tout au double, et dans plusieurs départemens au triple de ce que paient les autres classes de contribuables; voilà l'effet de l'inégalité de répartition et le mot de l'énigme que présentent depuis un siècle les finances de la France.

Quelque modérée que soit la contribution qu'un monarque demande, comment veut-on qu'elle ne paraisse pas excessive, qu'elle ne devienne même pas accablante pour une partie de ses sujets, qu'elle ne calomnie pas l'administration, quand les deux tiers des revenus imposables ne paient pas la moitié de ce qu'ils doivent à l'Etat?

Les princes sous lesquels j'ai vécu n'ont jamais levé que des impositions modérées ; mais toutes les administrations se sont méprises sur la répartition, et il en résultait sous l'ancien gouvernement une grande surcharge pour l'habitant des campagnes, une pénurie perpétuelle dans le trésor public, l'impossibilité d'augmenter le revenu, quand les circonstances l'exigeaient, et tous les malheurs au-dehors et dans l'intérieur que produit un revenu public qui ne suffit pas aux besoins.

Les classes exemptes sont souvent bien punies de la franchise qu'elles avaient usurpée. Les villes, avant la révolution, n'acquittaient, comme aujourd'hui, qu'une très-faible partie de ce qu'elles devaient à l'Etat ; mais le déficit que produisait cet abus ayant entraîné la banqueroute et l'anéantissement du commerce, leur a fait payer avec une grande usure cette funeste exemption.

Les faux principes d'économie politique adoptés pendant la révolution n'avaient conduit à réformer l'ancienne inégalité, que pour en établir une nouvelle, en rejetant sur les propriétés seules le fardeau qui devait être supporté par toutes les classes de la nation ; le gouvernement a commencé à corriger cette grande erreur. Des droits sur les consommations ont réparti avec moins d'inégalité les nouveaux impôts qu'exigeoit l'accroissement nécessaire du revenu; mais il reste encore beaucoup à faire. La justice de l'Empereur ne permet pas de douter qu'il ne veuille achever son ouvrage, et je vais en présenter les moyens.

Les revenus des propriétaires et des fermiers montent à 4 milliards 500 millions; un dixième imposé sur ces revenus donnerait 450 millions.

Les profits des capitaux, les appointemens et les salaires de l'industrie s'élèvent ensemble à 3 milliards, une imposition de 6 pour 100 sur ce revenu, donnerait 180 millions.

Le montant des salaires pour les simples ouvriers est de 2 milliards 500 millions (1), et 3 pour 100 imposés sur cette classe, produiraient 75 millions.

Une contribution de 10 pour 100 sur les propriétaires et les fermiers; de 6 pour 100 sur les habitans riches ou aisés des villes; de 3 pour 100 sur les simples ouvriers, porterait donc le produit des impositions directes à plus de 700 millions. Ce produit ne monte pas aujourd'hui à plus de 450 millions (2). L'accroissement de

(1) Cet article comprend toutes les familles d'ouvriers de campagne et de ville qui ne gagnent pas 3 livres par jour.

(2) L'imposition mobilière, les patentes et leurs décimes qui seraient supprimés, sont tous compris dans cette somme.

recette directe étant de 250 millions, permettrait à l'administration d'assurer au trésor public un revenu qui égalerait au moins ce qu'il perçoit aujourd'hui, et de satisfaire au vœu général de la France.

En abolissant la partie des droits d'enregistrement qui, ne portant que sur les propriétés, lève des sommes énormes sur une classe qui, dans plusieurs départemens paie, par la seule contribution foncière, le double de ce qu'elle doit.

En modérant beaucoup les droits sur les actes judiciaires, dont le taux excessif force souvent les particuliers de renoncer à la poursuite de leurs droits, ou de compromettre leur fortune en négligeant des formalités qui seroient nécessaires pour l'assurer.

Et en supprimant enfin l'impôt sur le sel, qui paraît frapper sur la nation entière, mais qui ne tombe réellement que sur la classe la plus pauvre.

Le premier intérêt de la nation est de fournir à l'Etat tout le revenu nécessaire pour soutenir la guerre avec la grande supériorité qui seule peut nous conduire à la paix. Il serait donc insensé de demander des réformes d'impôts, si on ne présentait pas en même tems les moyens de couvrir le déficit qu'elles produiraient; mais en étendant les contributions directes sur les classes qui ne les paient pas aujourd'hui, l'excédent de revenu qu'elles donneraient serait plus que suffisant pour compenser la diminution de recette que produiraient les réformes.

L'Empereur, en rétablissant l'égalité d'imposition entre les différentes classes de contribuables, aurait la gloire de détruire un abus qui, depuis plus d'un siècle, diminue l'attachement des Français pour leurs souverains, en faisant paraître excessives des contributions qu'on aurait trouvé modérées si elles avaient été mieux réparties, affaiblit la France, l'a réduite plus d'une fois à recevoir la loi, quand elle devait l'imposer (1), et a fini par la précipiter dans un abyme de malheurs, en cachant au gouvernement les grandes ressources que la richesse de la nation lui présentait, et la supériorité qu'elle lui donnait sur tous ses ennemis.

Le fardeau qui écrase aujourd'hui une partie des propriétaires, étant rendu facile à supporter par une meilleure répartition, cette classe si intéressante si naturellement attachée au gouvernement, étant encore délivrée des grands droits d'enregistrement qui achèvent de la surcharger,

---

(1) Les malheurs de la guerre de sept ans ont eu pour première cause l'insuffisance des moyens de finance.

s'abandonnerait aux sentimens de reconnaissance que lui inspirerait ce bienfait : les fermiers ne seraient imposés qu'à la moitié de ce qu'ils payaient sur leurs profits avant la révolution (1) ; les habitans des villes n'auraient aucun prétexte de se plaindre d'une imposition de 6 pour 100, et les ménagemens qui sont dûs à la classe des ouvriers seraient strictement observés quand on ne lui demanderait que 3 pour 100 du produit de son travail.

Il est parfaitement juste de lever sur les propriétaires tout ce qu'ils doivent à l'Etat ; mais on se tromperait beaucoup si on croyait, comme les économistes, appercevoir dans leur fortune le superflu nécessaire pour acquitter avec facilité une grande surcharge d'imposition.

Le revenu des terres s'élève à 2 milliards 700 millions; mais ce revenu étant beaucoup plus divisé en France que dans les autres pays, et le nombre des familles qui le partagent s'élevant à plus de trois millions, le taux moyen du revenu territorial de chaque famille ne monte qu'à 810 liv. et n'égale pas par conséquent ce qu'un porteur d'eau gagne à Paris. Un tiers de ce genre de richesse est divisé en revenus de 300 liv. et au-dessous ; la stagnation

(1) Le taux légal de la taille était de 20 pour 100, le taux réel s'élevait encore à 10 pour 100.

du commerce, après des récoltes abondantes, détruisant les moyens de vendre les vins ou les bleds, porte un impôt de 25 pour 100, à plus de moitié du revenu que reçoit le propriétaire, réduit le riche à une grande gêne, et condamne le pauvre à une indigence absolue.

Les habitans des villes seraient donc bien injustes, s'ils prétendaient que des malheureux qui n'ont que du pain pour nourriture et de la toile pour vêtement, fussent réduits à une misère plus grande encore pour les dispenser de payer ce qu'ils doivent à l'Etat.

La justice et la nécessité d'étendre les contributions avec égalité sur tous les genres de revenu étant plus que démontrées, il ne me reste plus à parler que de la facilité de les asseoir.

Les profits des fermiers étant toujours proportionnés à la valeur de la ferme, leur contribution se réglerait sur celle du propriétaire, je me bornerai donc à expliquer quels sont les moyens de répartition dans les villes et sur les simples ouvriers.

Beaucoup d'administrateurs sont persuadés qu'il est extrêmement difficile d'asseoir, avec quelqu'égalité, une contribution directe sur les habitans des villes. Je suis loin de partager leur opinion, et je crois au contraire cette contribution beaucoup plus facile à répartir que l'imposition foncière.

Je conviens que si l'administration voulait se charger, comme elle le faisait jadis, de fixer elle-même ce que payerait chaque contribuable, elle commettrait de grandes injustices, et ne leverait encore qu'un revenu fort au-dessous des calculs ; mais réussirait-on mieux pour l'imposition foncière, si on chargeait les préfets et les sous-préfets de taxer les propriétés particulières ? l'administration se perd dans les détails, quand elle veut s'occuper de chaque contribuable, elle ne doit voir que des classes, et quand il n'y en a pas de formées, il est nécessaire qu'elle en établisse.

Si on voulait repartir dans Paris l'imposition par famille, il y aurait cent vingt ou cent trente mille cottes à regler ; mais si on classait les habitans, il n'y aurait plus que deux cens bases d'imposition à fixer, et le taux moyen des profits d'une classe entière serait encore beaucoup plus facile à connoître que le gain ordinaire d'un seul particulier.

La division par commune, ou paroisse, très-bonne pour les campagnes, ne conviendrait pas pour les villes, où les plus proches voisins n'ont souvent aucun apperçu sur leurs fortunes respectives ; mais en classant cette partie de la nation par la similitude d'état, de métier, d'occupation, les membres de chaque classe dont les revenus sont fondés sur le même genre de profits, calculeront avec facilité la somme que chaque famille devra payer (1); et le classement étendu, comme il devrait l'être, à tous les états qui ne formaient pas jadis de corporation, ne laisserait pas échapper la vingtième partie des habitans domiciliés (2).

L'avantage de cette mesure, évident aux yeux de la raison, est encore démontré par l'expérience. La taille que payait la ville de Lisieux paroissait excessive, parce qu'elle était mal imposée, les habitans obtinrent la permission de la répartir; les magistrats fixèrent la somme que payerait chaque corporation; les syndics la divisèrent entre les maîtres et les marchands, toutes les plaintes cessèrent et une charge accablante ne forma plus qu'un léger fardeau. Il serait donc infiniment facile d'atteindre par-tout au même but, et de

(1) J'ai proposé, dans les considérations sur les finances, un moyen facile de prévenir les injustices que produiroit la prépondérance des riches, j'ajouterai que, dans les très-grandes villes, il faudroit diviser chaque classe par section pour que les membres pussent se connoître mieux.

(2) Il y a plusieurs états qu'il ne conviendroit pas de soumettre aux anciennes lois des corporations, mais il n'y en a point qu'on ne puisse classer pour leur procurer l'avantage de nommer leurs répartiteurs.

répartir avec beaucoup d'exactitude la contribution mobilière en employant et en perfectionnant le moyen qui avait réussi à Lisieux.

Ce grand avantage ne serait pas le seul que produirait le rétablissement des corporations, elles ont été créées dans l'origine pour établir l'ordre, faciliter la surveillance et assurer la tranquillité dans les villes ; et quand on songe que la partie de la population qui y serait comprise forme plus de sept millions d'individus entassés sur de petits espaces, on ne doutera pas de la nécessité de les classer pour gouverner avec plus de facilité cette multitude d'hommes par l'autorité des maîtres sur les ouvriers, des syndics sur les maîtres, et du magistrat sur les syndics.

Le classement deviendrait encore pour le commerce un moyen de crédit, en fournissant aux capitalistes et aux banques plus de moyens de connoître le degré de confiance que mériterait chaque marchand.

On doit éviter avec soin de renouveller une faute que l'ancien gouvernement avait commise, et qui souillait ce bel établissement. On avait cherché une ressource fiscale dans la vente des lettres de maîtrises ; ces avances qu'on exige d'un marchand ou d'un artisan, sous quelque nom qu'on les déguise, ne sont jamais qu'un emprunt forcé, et dont l'intérêt est toujours excessif. Celui qu'on obligerait de payer 1,000 liv. pour l'achat de sa maîtrise, forcé de prendre cette somme sur son capital qui lui rapportait plus de 30 pour 100, préférerait d'être imposé à 150 liv. de plus : l'Etat privé de ces augmentations de revenu, payerait par conséquent à 15 pour 100 l'intérêt des avances qu'il se procurerait, et cet abus nuiroit encore au commerce, en lui ôtant une partie des capitaux qui le soutenaient (1).

On ne doit jamais oublier qu'il y a deux classes de capitalistes, celle qui fait valoir ses capitaux dans le commerce, et celle qui se contente de les placer. La dernière ne retirant de ses fonds que l'intérêt ordinaire, est toujours disposée à s'y borner ; tandis que l'autre, si on lui demande des avances, veut nécessairement s'indemniser du profit que son capital lui aurait procuré.

Il serait sans doute fort utile de diminuer le nombre des maîtres qui s'est excessivement accru dans chaque profession, et la réforme de cet abus faciliterait beaucoup l'établissement de la contribution mobilière qu'on s'empresserait de souscrire pour être conservé (2) ; mais si on ne jugeoit

(1) Le gouvernement doit toujours conserver le droit d'augmenter ou diminuer le nombre des maîtres et des marchands, et il s'en privait par la vente des maîtrises.

(2) Si on diminuait ce nombre d'un cinquième, les maîtres conservés y gagneraient le double de ce qu'ils auraient à payer pour la contribution.

pas à propos de faire, dans le moment actuel, cette réforme, il n'en serait pas moins important de classer les habitans des villes pour pouvoir répartir avec égalité l'imposition directe qu'ils doivent payer, et se procurer en même tems un nouveau moyen d'ordre et de police (1).

La manière de lever dans les campagnes la contribution des ouvriers est parfaitement connue, puisqu'ils la payaient avant la révolution à un taux beaucoup plus fort, et il est facile de les comprendre dans le classement des villes, d'y comprendre même ceux qui n'y passent qu'une partie de l'année.

Cette opération, qui se réduirait à substituer des impositions douces à des impositions très onéreuses, est la même que fit M. de Colbert, et qui n'entraîna aucune gêne pour le trésor : ce grand ministre ne diminuant jamais l'imposition ancienne que quand il s'était assuré du produit des nouveaux droits.

Les plans d'encouragement et d'imposition que je viens de présenter sont fondés, comme on l'a vu, sur la connoissance des différentes branches du revenu de la France ; et si je ne me suis pas trompé en adoptant des principes, en calculant

---

(1) J'ai présenté dans les considérations sur les finances, les moyens d'établir ce classement : voyez page 238.

sur des bases dont la justesse et la solidité paroissent évidentes, ces plans assureraient à l'Empereur la gloire de restituer à ses sujets, sous peu d'années, par l'accroissement du revenu général, le double de ce qu'ils payeraient pour les dépenses publiques, et de réformer des abus qui, depuis plus d'un siècle, tourmentent et agitent la nation.

Les faux principes de législation politique, adoptés il y a vingt ans, et qui menaçaient tous les trônes, avaient soulevé contre la France toutes les puissances de l'Europe : le gouvernement actuel est aussi étranger aux causes de cette guerre, que la monarchie l'est à la démagogie, et la raison à l'extravagance ; il en avait détruit tout prétexte en relevant le trône renversé, et les Anglais ne parvenaient à renouveller les coalitions qu'en trompant leurs alliés.

Les victoires de l'Empereur nous ont donné la paix continentale, il ne lui reste plus qu'à nous procurer la paix maritime ; mais l'Angleterre a des motifs particuliers pour en éloigner l'époque : elle n'a combattu vingt ans contre Louis XIV que pour empêcher la réunion des Pays-Bas à la France, et les Pays-Bas sont réunis ; sa dette est aujourd'hui de 700 millions de rente, de 15 milliards de capital ; elle ne peut en acquitter les intérêts qu'en levant 1 milliard 100 millions sur ses sujets.

Le jour où le monopole du commerce cesseroit de multiplier le produit des droits et de fournir aux contribuables les moyens d'acquitter l'impôt, elle seroit réduite à l'état d'anéantissement où tombe une nation qui fondoit toute sa force sur son crédit, et qui perd son crédit en cessant de payer ses créanciers ; la guerre peut la conduire à ce terme fatal ; mais la paix, en détruisant le monopole qu'elle exerce sur le commerce, l'y entraîne nécessairement, et elle retarde la paix, pour se conserver quelques chances de salut. Peuple Français ! voilà l'explication de la guerre que vous soutenez depuis dix-sept ans.

Si vous voulez connaître les causes de la stagnation de votre commerce, des privations qu'il nécessite, des souffrances qu'il produit: si vous voulez savoir pourquoi le sucre et le café de Saint-Domingue ne viennent plus vous enrichir, remontez à 1789, et n'accusez que vous. Si vous voulez connaître à qui vous êtes redevable du degré de bonheur dont vous jouissez encore, de la paix intérieure, de la renaissance de votre commerce avec l'Allemagne et l'Italie, de la résurrection de la France, levez les yeux, et contemplez le trône.

L'Empereur, en se chargeant du sceptre, avait contracté la difficile tâche de soutenir une guerre générale, et de réparer dans l'intérieur toutes les fautes des gouvernemens qui l'avaient précédé, il a dicté la paix continentale; la France n'a jamais été aussi riche, aussi puissante qu'elle l'est aujourd'hui; c'est peu de ces premiers avantages, mesurez la carrière qu'il ouvrira devant vous le jour qu'il signera la paix, voyez votre commerce soutenu, favorisé dans tous les ports, chez tous les peuples, par la prépondérance politique que le gouvernement a conquise; calculez, si vous le pouvez, les prodigieux effets de cette prépondérance, et les résultats de l'accroissement de richesse territoriale, de richesse commerciale, où vous conduira l'impulsion d'un gouvernement actif et ferme; et si vos pensées ne peuvent pas s'élever jusque-là, calculez du moins les sacrifices qu'on vous demande pour marcher vers la paix.

La généralité des impositions actuelles s'élève à un milliard, l'état s'est accru d'un cinquième, le fardeau se réduit donc à 800 millions pour l'ancienne France; le produit des impôts montoit en 1785, à 585 millions, il faut y ajouter 150 millions pour les dîmes, la contribution générale s'élevait donc à 735 millions; la différence se réduit à 65 millions; l'accroissement des impôts n'est pas de 10 centimes; l'excédent des dépenses est couvert aujourd'hui par des recettes extraordinaires ou *extérieures*, qui ne laissent aucune suite; il était couvert, en 1785, par des emprunts qui produisirent le déficit.

Peuple Français, réfléchisez sur ce parallèle, sur la richesse de la nation, sur la facilité d'accroître à un point prodigieux le produit territorial en cultivant vos jachères, sur les moyens d'augmenter, dans la même proportion, le revenu commercial, en rétablissant vos manufactures d'étoffes; livrez-vous à ces réflexions, et vous direz avec moi : *Felices nimium si sua bona norint.*

J'aurais craint de paraître trop hardi en abordant les grandes questions que j'ai traitées dans cette brochure; mais elles se réduisent, comme on l'a vu, à des idées si simples que, sans me dissimuler la faiblesse de mes talens, j'ai pu me flatter de les concevoir et de les présenter avec clarté. Je m'applaudirai de mon ouvrage, s'il fait connaître à la France sa supériorité sur ses rivaux, les grands bienfaits que la nature lui a prodigués, et les moyens d'en mieux profiter.

FIN.

De l'Imprimerie de Nicolas (Vaucluse) et Boutonet, Rue Neuve-St-Augustin; n°. 5.

www.ingramcontent.com/pod-product-compliance
Ingram Content Group UK Ltd.
Pitfield, Milton Keynes, MK11 3LW, UK
UKHW021059200726
13857UKWH00003B/1022

9 782011 946881